だいわ文庫

女の子は8歳になったら育て方を変えなさい!

やさしく賢い女の子に育てる母のコツ

松永暢史

JN148143

大和書房

Before

あんなにかわいかったわが子が…

別な子になったみたい…

After

女の子は育てやすい、とは昔からよく言われることですが、
ほんとうにそうなのでしょうか？

たとえば、「部屋を片付けなさい」と注意すると、

「ママも早く洗濯物たたんだら？　パパが家が汚いってブツブツ言ってたよ」と言い返す。

女の子は口が達者な分、ああ言えばこう言う、で
ついお母さんもムカッとして女対女のバトルに……。

また、男の子みたいに泥まみれになることはないかもしれませんが、片づけられない汚部屋の住人は圧倒的に女の子。

「キモッ」「ウザッ」と汚い言葉を使ってみたり、お友達関係がややこしいのも女の子……。


「育てやすくてラク」なんて誰が言ったの！

と訴えたくなることもあるでしょう。

でも、大丈夫。
女の子はお母さんの関わり方次第で、
将来お母さんの強～い味方になってくれます。
本書の中にそのためのコツを具体的に書きました。
何より、女の子はお母さんが大好き！
あなたの大切な娘さんが、
優しく賢い女性に育ってくれますように。
では早速本文をどうぞ！

女の子のお母さんへ——ここだけは読んでほしい

●同性だから育てやすくラク、は大間違い

「女の子は男の子より育てやすい」「女の子の子育てはラク」とはよく聞く話です。

確かに、「一姫二太郎」とも言われるように、チョロチョロ動き回って、奇想天外な行動をする男の子には、お母さんも振り回されっぱなし。「どうしてそんなことをするの?」と途方に暮れる場面も多々あるでしょう。

それに比べて、女の子は、多少、お転婆《てんば》であったとしても、親の想像を超える理解不能な行動を取ることはほとんどありません。絵を描いたり、人形で遊んだりシールを貼ったりと静かに過ごす時間も多く、物わかりもいい。たとえば、「ここでちょっと待っていて」と言った時に、じっと待っていられるのが女の子。男の子はちょっと

ぐらいならいいや、と動き回って、あげく迷子になるというオチもつきます。

そもそも女の子はお母さんにとっては同性ですから、頭の中も想像がつきやすい、ということもあるのでしょう。接し方や言葉のかけ方に困ることがないから、「育てやすい」と言われるのかもしれません。

しかし、本当に女の子の子育てはラクなのでしょうか。

長年、教育に携《たずさ》わってきた私が考えるには、女の子が育てやすいというのは、ある種、迷信のようなもの。とりわけ現代社会においては、**女の子の子育ては男の子以上に難しくなっている**といっても過言ではないのです。

考えてもみてください。お母さんが子どもの頃、携帯電話やパソコンを誰もが持っていましたか？　LINE Twitter Facebookといったソーシャルネットワークはあったでしょうか？

子どもを取り巻く環境は、大きく様変わりをしています。

家庭内にインターネットが普及した現代では、子どもが受け取る情報量は、お母さん方が子どもの頃に比べると、何倍、何十倍にも増大しています。

そんなネット社会においては、子どもの思考も行動も価値基準も、ひと昔前とは違って当たり前。今の子どもたちの心の中は、たとえ小学生であっても大人のように複雑で混沌《こんとん》としていると言っていいでしょう。

もちろん、男の子であっても、おかれている状況は変わりません。ただし、お母さんにとって男の子は異性であり、未知なる存在です。「友達とケンカして帰ってきたときにはどう声をかければいい？」「反抗期になったらどう対処しよう？」などと成長に応じてさまざまな疑問や不安が噴出して、先輩のお母さんに聞いたり、子育て本を読んだりして、多少なりとも育て方を研究するのではないでしょうか。

事実、私はこれまで数十冊に及ぶ子育てに関する本を手がけてきましたが、販売部数は圧倒的に男の子に関する書物の方が多いのです。男の子の育て方に迷い、悩み、指針を求めるお母さんが多い証拠でしょう。

ところが、女の子の場合、同性だから「わかる」と過信してしまいます。自分の経験をもとにすれば、それほど苦労せずに子育てできると思ってしまうところに、女の子の子育ての盲点があるのです。まずはこのことに気づいていただきたいと思います。

●今、女子の反抗&わがままな振る舞いが学級崩壊を呼んでいる

女の子の子育てが難しいと申し上げた理由を、もう少し具体的にお話ししましょう。

たとえば、友達を故意に仲間はずれにするという行為は、女の子の間では日常茶飯事です。年齢でいえば小学校低学年、早熟な子は幼稚園や保育園から、この習性は垣《かい》間《ま》みられます。気をつけたいのは、本人たちにはそれがいじめであるという認識がまるでないこと。

「〇〇ちゃん、最近、私たちとは一緒に遊ばないよね。口をきくのやめない?」

「そうだね。もう、これから〇〇ちゃんとはお弁当も別に食べよう」

まるで遊びの約束でもするかのように、そんな密談が交わされていることがままあるのです。

こういう子たちは、同じクラスの男子に対しても辛辣《しんらつ》です。

「××くんが消しゴムのカスをこっちに飛ばして汚い」など瑣末《さまつ》な話をホームルームの議題にされてしまったり、向こうから叩いてきたからぶち返したら、「女子に手を出すなんて最低!」と担任に言いつけられて、あげく、親からお説教されることに

——という男の子にとっては受難な話もよく聞きます。

小学生のうちは、精神年齢は女子のほうが上で、おまけに口も達者です。そのために、正確な状況説明ができない男子が火の粉をかぶることが多いのでしょう。

実際、私の教室に通う小学校高学年の男子たちに、「クラスの女の子とは仲良くしているの?」と尋ねると、大抵の場合、「ぜんぜん! だって、コワいから」という答えが返ってきます。

クラスに一人か二人、大人しくてしとやかで守ってあげたくなる女の子はいるものの、大半の女子は「おっかない」「近づきたくない」存在。それが小学生男子たちの偽《いつわ》らざる本音なのです。

こうした女の子の傲慢《ごうまん》さがエスカレートすると、明らかに悪意を持った行為に移行していきます。以前、ある有名私立中学校で深刻ないじめが起きていることがマスコミに取り上げられていました。この場合は、トイレに監禁したり、服を脱《ぬ》がせたりとかなりひどいものでしたが、私に言わせればさもありなんです。

いわゆる学級崩壊にしても、表面的には男子児童の問題行動が目を引きますが、実は裏で女子が糸を引いているというケースが少なくありません。また、「スクールカースト」と呼ばれる学級内での上下関係も、やはり女子が中心となって形成されるケースが圧倒的なのです。

そうしたわがままな女の子が、成長していく過程を想像してみてください。

中学、高校、大学と友達との関係が最も密になる時期に、心を許せる友達に巡り会えず、いつも孤独を抱えながら生きていくかもしれません。その孤独から悪い仲間とつるんで夜の街を徘徊《はいかい》したり、援助交際に走ったりという事態だって考えられます。

たとえ、真っ当に高校や大学を卒業して就職できたとしても、仕事ではもうわがままは許されません。先輩や上司とのトラブルが絶《た》えず、少しでも辛い仕事を与えられたらやりたくないと放り出し、会社を休みがちになるか、あっさり辞めてしまうかもしれません。

結婚生活も目に見えています。どんなに優しい夫であっても、わがまま放題でいつも不平不満ばかり。ケンカも絶えず、最後には愛想を尽かされて離婚になる――。

このような一生を送る女性にわが子をしたいと思いますか?

結婚して子どもを産むことが女性の幸せなどと、古くさいことは申しません。仕事でキャリアを積んで活躍の場を広げることも、女性の幸せの一つの形でしょう。

しかし、わがままな女の子は、そのわがままを受け入れてもらえるような、万に一つの才能にでも恵まれていない限り、家庭でも仕事でも幸せを手に入れるのは難しいと言えるのです。

「でも、うちの娘は素直で優しいから心配ないわ」

と思うかもしれませんが、**実は、こうしたわがままな習性というのは、女の子なら誰もが多少なりとも持っているものなのです。**それがひどくなるかならないかは、そう、親の育て方次第です。

「わが子はほんとうに大丈夫か？」「自分の子育ては間違っていないか？」と今一度、見直してみるところから始めてはいかがでしょう。

●8歳で子育てのギアチェンジを

「わがままの要素は、女の子なら誰もが持っているもの」

前段でそう書きましたが、この傾向が顕著になる年頃があります。

その年齢とは8歳。学年で言えば、小学2、3年生ぐらいから、女の子のわがままは目立つようになります。

つまり、**8歳までにどう育てるか、そして8歳以降、どのように接していくか。これが女の子の子育てのカギになる**と私は考えています。

男の子の場合、ターニングポイントはもう少し遅く、10歳前後にやってきます。このタイミングで子育てをギアチェンジすると、その後にやってくる反抗期もスムーズに乗り切れるはずです。

男女間で2歳ほどの開きはあるものの、**どちらにも共通するのは第二次性徴期にさしかかる年齢だということ。**すなわち、ホルモンバランスが変化して、肉体的にも精神的にも大人に近づいていくのがこの年齢なのです。

ご承知の通り、ホルモンとは女性らしさ、男性らしさをつくりだすものです。テストステロンに代表される男性ホルモンは、声変わりをしたり、ヒゲやスネ毛が生えてきたり、喉仏《のどぼとけ》が出たり、体がゴツゴツしてきたりといった変化をもたらします。

対して、女性ホルモンには、卵胞ホルモン（エストロゲン）と黄体ホルモン（プロゲステロン）の2種類があり、このうち女性らしい体つきに関わるのは主にエストロゲンだと言われています。胸がふくらんだり、体がまるみを帯びたりという変化は、エストロゲンのなせるわざというわけです。

実は、このエストロゲンの分泌が増え始めるのが初潮を迎える8~12歳頃。その後、20~30歳前後でピークを迎えます。女の子の体の中では、男の子より一足早く、大人になるための準備が始まるのです。

女性ホルモンによる影響は、体だけでなく精神面にも表れます。お母さん方ならおわかりになるかと思いますが、女性は生理前になるとイライラして怒りっぽくなるなど情緒不安定になる傾向がありますよね。

初潮を迎える前の女の子も然《しか》り。気持ちが不安定になって、四六時中イライラして、ちょっとしたことで怒ったり泣いたり。すでに中学生や高校生になった娘を持つお母さんたちに聞くと、「初潮前は本当に手を焼いた」と口を揃《そろ》えて言うほどです。

このイライラが、女の子特有のわがままさを助長させます。家族に八つ当たりをするだけならまだしも、学校でも友達が傷つくような刺《とげ》のある言葉を投げかける、誰かを仲間はずれにする、といったいじわるな行動を起こさせるのです。

「8歳がターニングポイント」と先に書いたのは、8歳がこうした女の子特有の不安定な時期を迎えはじめる年齢であるため。

自分でもコントロールできないイライラ感でいっぱいの子どもには、それ相応の処し方があるのです。

一方で、8歳までの育て方も非常に大切になります。この時期までにわがままにならないよう教育すれば、たとえイライラ期を迎えてもいじめとなるような行為をする子どもにはならないはずです。それどころか、**他者を思いやれる優しく聡明な子どもになってくれるでしょう。**

●女の子を幸せにする「感受性」と「品性」

「女の子は女らしく育てるべし」

こんな発言をすると、「なんて時代遅れなの」と反発を感じるお母さんもいるかもしれません。しかし、女の子が幸せな人生を歩むには、女らしくあることが最も確かな道のりなのです。念のためお断りしておくと、女は三歩下がって男に従え、などという、古くさい価値観はみじんも持ち合わせておりません。むしろ、女性が社会で活躍することには大賛成。家事や育児を男性がすることも当たり前だと思っています。

実際、わが家では掃除も洗濯も料理も私がすることが多いぐらい。俗にいう〝家事メン〟のハシリなのです。

そこで、まずお伝えしたいのは「女らしさ」とはなにかということです。

私が考えるには、女性が持つ女性ならではの魅力――これこそが「女らしさ」の要素。その最たるものが**「感受性」**です。

たとえば、さわやかな風に吹かれたときに、男性は「気温は何度くらいかな」などと現実的なことに頭を巡らせます。対して、女性は「この風にずっと吹かれていたい」と心地よさに酔いしれることができます。美しい景色を見た時、あるいは美しい音色やよい香りなどに触れた時に、敏感に反応して、その美しさや愛らしさを頭でなく感覚で素直に受け止められるのが、女性の感受性なのです。

この感受性が豊かに育つと、日常の小さなことにも感動できるようになります。その感動からさまざまな愉《たの》しみを見いだすこともできます。子どもであれば勉強に結びつくこともあるでしょうし、大人になってからは仕事や家事などでの苦手分野も楽しめるようになる。前段の話に戻せば、当然、友達を故意《こい》に傷つけようとは思わないでしょう。

つまり、感受性が豊かであれば、さまざまな場面において「得」をして、幸せをつかみやすくなるというわけです。

これに加えて、**8歳までにぜひ、育ててほしいのが「品性」です。**

ここでいう品性とは、きちんとした言葉遣いや女性として恥ずかしくない所作《しょさ》のこと。アイロンのかかったハンカチや、ポケットティッシュをいつも持ち歩く習慣も品性の一つといえるでしょう。

電車に乗り合わせた女子高生の言葉遣いや態度を見ていると、こちらまで恥ずかしくなることがままあります。

男のように両足を広げて座るのはもはや当然。車内で平然とお菓子を食べながら、「あの女、うざくねぇ?」「うん、ハンパなかった。ガチ、ムカつくんだけどぉ」などと話している光景を前にすると、目も耳も塞《ふさ》ぎたくなります。

しかも、こういう娘さんたちは、目上である教師に対しても同じ態度。TPOに応じた言葉遣いやマナーの使い分けができないのです。

大変、酷《こく》な言い方になりますが、高校生になってこれではもう手遅れでしょう。「お里が知れる」という言葉もあるように、品性は後から身につけようとしても習得できるものではありません。ちょっと古いかもしれませんが、映画『マイ・フェア・レディ』よろしく淑女たる修練を重ねても、言葉や行動のはしばしに「育ち」は出てしまうものなのです。その点、知性は大人になってからでも身につけることが可能です。すなわち、子育てにおいて優先すべきは「品性」であり、「8歳までに」とタイムリミットを掲《かか》げたのはそのためです。

この品性に付随しているのが、整理能力です。最近の女の子は身だしなみには清潔感を求める半面、部屋の汚さは男の子以上。衣類はくちゃくちゃの状態で山積みされて、床にはお菓子の空き袋や飲みかけのペットボトルが散乱している。そんな独身男顔負けの〝汚部屋〟で平然と寝起きしているというから驚きます。

教育コンサルタントとしての長年の経験から申し上げると、部屋が汚い子どもに勉強のできる子どもはまずいません。机の上の状態は頭の中とリンクしていると言われる通り、どんなに知識を詰め込んでも頭の中は混沌としたまま。「勉強のわからないところがわかりません」という子どもは、大抵、部屋も雑然としているものです。

イタリア初の女性医師であり著名な教育学者のモンテッソーリ女史の説によれば、幼児は秩序を好む特性を持っています。大きさや形を揃えておもちゃを整理する、出したおもちゃを元に戻すといったことは、教えればきちんとできるようにプログラミングされているのです。つまり、小さいうちに整理整頓の方法を教えてやること。それが娘を汚部屋の住人にしないための、ひいては勉強のできる賢い子どもにするための最大の秘訣でもあるのです。

本書では、女の子に大切な「感受性」と「品性」、また「整理能力」やこれからの人生に大切な「判断力」などをどのように教えていけばいいか、じっくりと解説していきたいと思います。

●女の子は常に母親の期待に応えたいと思っているもの

前置きが長くなりました。最後にひとつだけ、お母さんにぜひ注意していただきたいことを述べたいと思います。

日に日に成長していくわが子を前にすると、親なら誰しも将来への夢が膨《ふく》らむもの。ましてお母さんにとって同性である娘には、自分の人生を投影して、「あの大学に行ってほしい」「こんな職業についてほしい」というように、とかく要求が具体的で高度になりがちです。

それが行き過ぎてしまうと、俗にいう「毒母」になるので、要注意です。この「毒母」とは、わが子を自分の意のままに操《あやつ》ろうと支配する母親のこと。娘の意志はまるで無視して習いごとや塾通いを強制したり、「今度のテストは百点を取らないと承知しないわよ」「通知表はオール5が当然でしょ」と無理難題をふっかけたり。子どもに大きなプレッシャーを与え続ける、まさしく「毒」となる存在です。

女の子というのは、元来、まじめな気質があるので、母親の過度の期待にも応《こた》えようとします。その健気《けなげ》な努力によって一つのことがクリアできたとしても、毒母は認めて褒めようとはしません。それどころか、もっともっとと要求を増やしていく。

ゴム風船をふくらますと、空気は面白いように入っていきますよね。だからといって、ふくらませ続ければいつかは破裂する。毒母の支配下にいる女の子も同じです。母親の要求に応えようと努力をし続けていった結果、いつか「破裂」してしまうものなのです。

そうなった時、さまざまな問題が起きるのは言うまでもないことでしょう。

母と娘の間には確執《かくしつ》が起こり、深い溝が出来ます。親子の縁を切り、一切の連絡を取らなくなったというケースもよく耳にします。

そうなってしまえば、いくら母親が娘に夢を託《たく》したところで元も子もなし。

母と娘で買い物や旅行に出掛ける愉しみも幻想に終わるばかりか、娘の結婚式で涙を流すことも、かわいい孫を抱くこともできないことになります。

娘との確執で心に大きなしこりを残したまま一生を送るのは、女性として最大の悲劇としかいいようがないと思います。

そんなことにならないためにも、女の子だから大丈夫と思わずに、本書をよく読み、子どもとの接し方や教育法を振り返ってください。

子どもには子どもの人生がある。

そう胸に刻んでほしいと願います。

第1章　女の子の育て方　基本8カ条

第2章 女の子の反抗期をうまく乗り切るコツ

第3章 こうすれば効果的！ 女の子のしつけ

第4章

成績がグングン伸びる！　女の子の勉強

第5章 女の子を伸ばす母親がやっていること

第6章 女の子をグングン伸ばすには

第7章

女の子の弱点を克服するには

第8章

わが子の幸福を願うあなたへ

第1章

女の子の育て方
基本8ヵ条

第1条　感受性が豊かな子に育てよう

男女両方の子育てをしているお母さんならおわかりかと思いますが、女の子と男の子は赤ちゃんの時の泣き声からして違います。男の子は勇ましくて声も太いのに、女の子は細い声で泣き方も優しい。抱き心地にしても男の子はゴツゴツ、女の子はやわらかいことがほとんど。わが家も上が女の子で下が男の子の一姫二太郎でしたから、「女の子と男の子ではこんなに違うのだなぁ」と感心したほどです。

こうした男女の性差は成長するに従い、さらに如実《にょじつ》に表れます。

男の子はやんちゃで好奇心のおもむくままに行動するのが面白いところ。対して、女の子の魅力はなんといっても愛らしさです。鏡の前で髪飾りをつけておすましをしてみたり、お人形のお世話を一生懸命してみたり。絵を描きながら物語をつくる子もいるでしょう。そんな仕草《しぐさ》を見るにつけ、「かわいいなぁ」と目を細めてしまいますよね。
こうした女の子の「かわいらしさ」の根源になっているのが感受性です。かわいいものにうっとりするのも、空想の世界に浸《ひた》るのも感受性があるからこそ。本書の冒頭にも書きましたが、**女の子の子育てにおいて、感受性を豊かに伸ばしてやることがなによりも大切だと私は考えています。**

では、そもそも感受性とはなにか。それは読んで字のごとく、さまざまな〝もの〟や〝こと〟を受け取って、それに敏感に反応する感覚です。

頭からぴょこんと伸びたアンテナで、周りにある「きれい」「かわいい」「気持ちいい」「素敵」などの物事をピピッとキャッチする。そんなイメージでしょうか。

たとえば、同じものを目にした時でも、男の子と女の子で反応は面白いほど違います。

公園にピンク色のかわいい花が咲いていたとしましょう。

「あそこにお花が咲いているね」とお母さんが話しかけると、男の子の場合、花びらはどんな形なのか、何枚ついているのかといった具体的な造形に興味を示します。活発な男の子であれば、「ふーん」と一瞥《いちべつ》しただけで、遊びの方に気がいってしまうかもしれません。

ところが、女の子は「わぁ、かわいい〜」「きれいな色だね」と花の愛らしさや美しさに純粋に反応して、その気持ちを素直に言葉にします。

このようにかわいいもの、きれいなものを感覚で受け止めて言葉にできるのが、男の子との大きな違いです。

もちろん、目にしたものだけでなく、お花の香りにうっとりしたり、虫の声に耳を澄ませたり、テレビの歌手にあわせて歌ったり踊ったり、瑞々《みずみず》しい果物やお菓子の味わいに歓喜したり。五感をフル動員して受け取ったものに素直に反応できるのが感受性と言えるのです。

「感受性が大事というのはわかるけれど、それが将来役立つのは小説家とか芸術家とか、特殊な仕事だけじゃないの？」

そう感じる方もいらっしゃるかもしれません。

なぜ、女の子にとって感受性が大事なのかをお話ししたいと思います。

理由の第一は、感受性には女性としての魅力につながる要素がぎゅっと詰まっていることです。

先ほど申し上げたように、「かわいらしさ」はその一つ。愛らしい女の子の姿を前にすれば、親でなくとも「ああ、かわいいなぁ」と目尻を下げてしまうはずです。この「かわいい」とはもちろん容姿のことだけではありません。仕草や表情、全体の雰囲気、愛らしさ、といったものです。

もちろん、大人になっても「かわいらしさ」は大きな魅力です。「いくつになってもかわいい女性」というのは、最高の褒め言葉ですよね。おばあちゃんになってからも、かわいいほうが周りから優しくしてもらえるはずです。

「かわいい」人、感性が豊かな人はなにごとに対しても反応がよく、話していても面白く、他人から愛されやすいのです。

さらに言えば、感受性が豊かであれば、身のまわりの物やさりげない日常にも感動や喜びを見いだし、愛情を注《そそ》ぐことができます。夕日の美しさに感動したり、周りの景色に四季の移ろいを感じたりと、日々の暮らしに「ああ、なんだかいいな。気持ちいいな」と感じる時間が持てるだけで心が豊かになると思いませんか。

このような小さな幸福を見つける力は、長い人生を生きていくうえでとても大切な能力だと私は思います。

その対象は自然ばかりではありません。友達に対しても良いところに目をやれて、優しい気持ちで接することができるでしょう。

「将来、どんな女の子になってほしいですか？」

そう聞くと、女の子の親御さんからは、決まって、**「優しい子になってほしい」**という答えが返ってきますが、感受性はこの心の優しさを生み出す要素の一つでもあるのです。

周りに優しくできる女性は、その分、周りの人たちからも多くの愛情を注《そそ》いでもらえます。もちろん、男性だって優しくて自分にない魅力を持っている女性に惹《ひ》かれるはずです。

すなわち、感受性が豊かな女性は愛される女性でもあるのです。

もし、反対に、感受性が鈍《にぶ》ければ、周りにどんなに美しいものがあっても気づきません。人に対しても無関心で、場の空気も読めなければ、他人へのきづかいもなし……。そんなわが子の姿、考えたくないですよね。

一方で、仕事においても女性の感受性が役立つ場面は多々あります。

たとえば、クライアントに対してプレゼンテーションをする時。感受性の豊かな女性は相手の感情に訴えるような言葉の選び方や話し方ができるため、高評価を得られやすいというのです。

実は、この感受性というのは、女性が子どもを産み育てる上でも非常に重要な感覚だと言われているのです。

私は男なので実はさほど実感はないのですが、女性は子犬や子猫など小さくてかわいいものに対して胸が「きゅん」とする感覚があると聞いています。この「きゅん」というのは感受性から引き起こされる感情であり、赤ちゃんに対しても同じです。

つまり、お母さんは赤ちゃんや小さな子を見ただけで胸が「きゅん」となり、無条件に「かわいい」と感じるものなのだとか。

だからこそ、「守ってあげたい」「お世話をしてあげたい」という気持ちになって、夜泣きをしようと駄々をこねようとなんとか育てていくことができるのだと思います。

この感受性を伸ばしてやれるか、潰《つぶ》してしまうかはお母さんの育て方によるところが大です。

美しいもの、心地いいものを身の周りで見つけたら、まずお母さんが「きれいだね」

「素敵だね」と口に出してみましょう。

女の子はお母さんの真似をする生き物ですから、一緒になって感じることができます。

そういった場面を日常の中でできるだけ増やしてあげること、感受性を伸ばすコツはここにしかありません。

「感受性」という女性ならではの感性をぜひお子さんに育んでいただきたいと思います。

第2条　「物事を楽しめる力」を育てる

子育て中のご家庭なら、子どもにせがまれて子ども向けのイベントに渋々出かけるということがあるのではないでしょうか。

名前も知らない歌のお姉さんや見たこともないキャラクターのぬいぐるみが歌って

踊る、そんな舞台を前にした時、お父さんとお母さんでは反応が面白いほど分かれます。

最初から最後まで興味が持てず、退屈そうにしているのはお父さんです。あまりの退屈さにコクリコクリと舟を漕《こ》ぎ出したり、一服《いっぷく》しに席を立ったり。家に帰ってからも、「やっぱりうちで寝てればよかったよ」とグチグチ言いながら、ビールを冷蔵庫から取り出してグビリ。まぁ、これが世のお父さんに多いパターンでしょう。

ところが、お母さんは最初こそ、つまらなそうな顔をしていても、次第に楽しくなってきて、いつしか子どもよりもノリノリに。家に戻ってからも、「面白かったね〜。あの歌のお姉さん、検索してみたら、結構、テレビにも出ているんだね」などと、子どもとワイワイ盛り上がれるのがお母さんの〝特技〟なのです。

こうした反応の違いは、男女の性差によるもの。

男性より女性のほうが「物事を楽しむ能力が高い」ことから生まれているのです。

誤解のないよう申し上げるなら、男性が物事を楽しめないというわけではありません。現に私自身、たき火や野菜の栽培など、たくさんの趣味を持っています。ただし、熱中するのは自分の興味があるものだけ。「これ、面白い！」と思ったものはとこととん突き詰めるものの、興味がなければそっぽを向いてしまうのが男性の特徴なのです。

これに比べると、女性はさほど興味がなかったことでも、やっているうちに、なにかしら面白さを見つけ出して、それなりに楽しむことができます。**これは非常にお得な能力なのです。**

もう一つ、例を挙げてみましょう。

ご近所にラーメン屋さんがオープンしました。「ちょっと行ってみようか」と家族で出かけたとしましょう。こういう場面での反応も、男性と女性では面白いほど差があります。

男性、すなわちお父さんは、その店のラーメンをおいしいと感じても、「うまい!」のひと言では気がすみません。過去に食べた、よその店と比較して、論理的に実証したがる習性があるのです。

「A店よりスープはこってりだけど、B店よりは煮干しがきいているな」

「麺はA店とB店の中間か。縮《ちぢ》れをきかせているからスープに合うな」

そんな具合に眉間《みけん》にしわを寄せながらラーメンを食べるのは、男性に多い傾向なのです。

対して、女性は「ほかの店と比べたってしょうがないでしょ。おいしければいいじゃない」というのが基本スタンス。もし、スープがイマイチであっても、「せっかく食べるんだから、この一杯を楽しまなきゃ」とチャーシューがジューシーでおいしいとか、メンマの細さがいいとか、どこかに良いところを見つけようとします。男性の私からすれば、ある意味、うらやましくもあります。

こうした**女性の物事を楽しめる能力は、何を隠そう感受性に由来しています。**頭に伸びたアンテナで「きれい」や「かわいい」などを受信するのが感受性と、先ほどご説明しましたが、そのアンテナは面白いことにも敏感に反応します。興味のないつまらないことであっても、ほんのちょっと〝おもしろポイント〟を見つけたら楽しくなるようにセッティングされているのです。

わざわざ語るまでもなく、人生は決して楽しいことばかりが待っているわけではありません。苦痛な時間や退屈な時間は実に多い。しかし、それでもやるべきことはやらなければならない。それが人生というものです。

であれば、辛いとかつまらないとか、文句ばかり言わないで、その中に楽しみを見つけ出せたほうがいいと思いませんか？

卑近な例では家事があります。洗濯物を干してたたむのは面倒くさいものですし、掃除機をかけるなんて面白くもなんともありません。でも、やらなければ汚れた衣類はたまる一方、家は散らかり放題です。

この時に、ちょっとした裏技を考えてみたら、俄然、ラクに楽しくできるようになった、そんな経験は、みなさん、多少なりとも持っているのではないでしょうか。

仕事においても、会議の資料づくりやら数字の計算やら楽しくない作業は目白押しです。その時に、「よし、効率のいい方法を編み出そう」「上司が驚く資料をつくって、ランチをご馳走してもらおう」といった発想ができれば、やはり面白くなってくるものです。

子どもだって同じです。女の子はペンケースや手帳にシールを貼って、デコレーションをするのが好きですよね。これはまさに物事を楽しめる能力の表れです。

「でも、子どもに辛いとか退屈なんてことはあるのかしら?」

と思ったお母さん、胸に手をあててよーく考えてみてください。

子どもにとって苦痛で退屈極まりないものといえば……そう、勉強です。

「もう、勉強なんてやりたくない!」

と思った時に〝おもしろポイント〟が見つけ出せれば、頑張るための原動力になります。たとえば、九九なら暗記ブックをつくって、クリアしたページにかわいいシールを貼ってみたり、理科ならイラストを駆使してわかりやすくまとめたり。こうした工夫をした結果、「物事がわかる面白さ」「解けるようになる爽快感」を知ったなら、確実に成績はぐんぐんと伸びていきます。

このことからも、物事を楽しめる能力を子どものうちにおおいに伸ばしていただきたい。オーバーに聞こえるかもしれませんが、**この能力次第で人生の充実度が格段に違ってくることは間違いありません。**

第3条 「品性」こそが女性としての幸せをつかむ力

感受性に加えて、女の子にぜひ身につけさせたいのが「品性」です。

と、この一文を読んで、「ムリムリ。うちはそんな上流階級の家柄じゃないから」

と首を振ったのなら、それは大きな勘違いです。

私が申し上げる品性とは、「ごきげんよう」「そうでございますわ。ごめんあそばせ」などというバカ丁寧な話し方とか、三つ指ついて、というような古式ゆかしい礼儀作法とかではありません。

言い換えるとすれば**行儀の良さ**となるでしょうか。ご近所の人たちにも、「おはようございます」「こんにちは」と自ら進んで挨拶ができる礼儀正しさや、女性として恥ずかしくない言葉遣いと立ち居《い》振る舞いなどを教えてやってほしいのです。

もちろん、友だちといる時にはくだけた言葉や流行の言葉を使ってもいいでしょう。家庭でならば、多少、ダラッとするのもかまいません。

ただし、大人と話す時や公共の場ではきちんとした言葉を使って居住《いず》まいも正せる。つまり、その場の状況に応じて使い分けができるように育ててほしいと思うのです。

たとえば、友だちの家に遊びに行った時なら、玄関先で「こんにちは。お邪魔します」と言って靴を揃《そろ》えてから上がる。遊びの最中は足を崩していても、友だちのお母さんが飲み物を持ってきてくれたら、さっと正座をして「ありがとうございます」と言える。

学校の休み時間に先生になにか聞く場合にも、友だちと話すのとは言葉を変えて、「ここがわからないのですが、教えていただけますか」と丁寧な話し方ができる。

登下校の時には、周りに迷惑にならないように歩いて、電車の中では友だちとも声を抑えておしゃべりをする。

こういうことが自然にできる女の子は、誰の目にも「聡明な子」と映ります。

学校でも習いごとの教室でも指導者の間で「あの子はきちんとしているな」と一目《いちもく》置かれるようになります。教師はどんな子に対しても平等であるべきとは言いますが、そこは人間ですから、場をわきまえた態度を取れる子には親身になっていろいろ教えたいと思うものです。

逆に言えば、だらしない態度の子や教師にタメ口をきいてくるような子は、必要以上のことは教えてもらえないことになります。同じ授業料を払っていても損をするわけです。

実際、私の教室にもそういう子が通っていたことがあります。当然、注意はしますが、それでも一向に改善されない。「親に教えてもらっていないんだな。かわいそうだな」と同情はするものの、一歩踏み込んだ指導をしたいとまでは思いません。ましてピアノなど芸術系の教室ならなおのこと、〝育ち〟を見る傾向は強いと思います。

それだけではありません。礼儀や行儀のきちんとした子は、実際に勉強もできる子どもが多い。おそらく「さぁ、勉強しよう」となった時の切り替えが早いということが理由にあるのでしょう。また、場の状況を冷静に観察できる力や、どのように振舞えばいいのかを判断する力は、テストの問題を解いていく上でも、良い影響をもたらすのかもしれません。

ご承知のこととは思いますが、こうした行儀や礼儀は、学校では教えてくれません。私立学校の中には礼儀作法の時間が設《もう》けられているところもあるようですが、それはあくまでも「型」を教えるだけ。日常のなかで自然に出てくる行儀や礼儀は、家庭で教えていくしかないのです。

言い換えれば、子どもを見れば家庭でのしつけも一目瞭然ということになります。「三つ子の魂百まで」という格言を持ち出すまでもなく、**子どもの頃に身についたことは一生ついてまわります。**ここでよい言葉遣いや立ち居振る舞いを教えておけば、大人になっても自然に使い分けができるようになります。

もっと言えば、知性は後づけできても、品性は後から身につけられるものではありません。表面的に上品そうに振る舞っても、言葉の端々や何気ない所作《しょさ》に「育ち」が出てしまうものなのです。

だからこそ、教えるなら8歳前の「今」であり、お母さん、なのです。

第4条　女の子には口うるさく言って大丈夫

お母さん方に「娘さんのことで気になっていることはなんですか」とたずねると、まっ先に挙がるのが言葉の乱れです。

乱暴な男言葉を使ったり、「ダサ」「キモ」「ウザ」など汚い言葉を口にしてみたり。おいしい物を食べた時も、感動する映画を観た時も、かっこいい男子を見た時も、同じように、「これ、ヤバーい」と叫んでいるのを耳にすると、ボキャブラリーの低俗さを嘆きたくなります。

小学生ぐらいの女の子にとっては、こうした言葉はもしかしたらかっこいいものとして聞こえているのかもしれません。ちょっと背伸びをしてみたいという気持ちから、わざと使っていることが多いように思います。なかには、品のない言葉遣いとは思わずに使っている子もいそうです。

ですから、子どもが悪い言葉を口にした時には、その都度《つど》、注意をしてください。良い言葉と悪い言葉の識別をさせることが先決だからです。

この時にしっかり伝えたいのは、汚い言葉を使うのは決して自分の得にはならない、ということです。

「そんな言葉を使っていると、『この子はちゃんとした言葉遣いを知らないんだな。かわいそう』って思われるのよ。恥ずかしいと思わない？」

「学校で先生にそんな言葉を使ったら、教えるのが嫌になっちゃうかもしれないよ」

というように、理由も添えて話してあげてください。

あるいは、言葉遣いのきれいな友だちがいたら、

「〇〇ちゃん、大人にはきちんとした言葉で話ができてえらいね」

「挨拶やお礼がしっかりできるっていいことだよね。きっと将来は素敵な女性になるよね」

と、子どもの前で友だちを褒めるのもいいでしょう。

ただし、間違っても「あなたも見習いなさい」という言い方はしないこと。どんな場合でもそうですが、ほかの子と比べられるのはいい気持ちがしません。かえって反発して、悪い言葉を使ってやろうと思うかもしれないのです。

立ち居振る舞いについても同様に、

「足を広げて座るのはみっともないわよ。閉じて座ったほうが断然、素敵でスマートに見えると思わない？」

などと気がついた時に毎回、注意をしましょう。できるようになるまで、何度でも繰り返し言い続けることが大切なのです。

「でも、毎度、毎度、うるさく言って効果あるのかしら？」

と思ったお母さんもいらっしゃるかもしれませんね。

確かに、男の子の場合、何度も同じことを言われると、「またか」と聞き流してしまう危険性が大です。

しかし、女の子に関しては問題ありません。**むしろ、しつこいぐらいのお小言から**

正しいことを学べるのが女の子の特性なのです。

当然、「うるさいなぁ」とは思うでしょうし、「はい、はい」と渋々従うこともあるでしょう。それでも、繰り返し伝えるうちに、いつしかそれが習慣づいていた――となるのが女の子なのです。

この習慣化というのは、何を隠そう、女の子のしつけのキーポイント。そもそも女性は男性よりも物事を習慣化しやすい傾向があります。そして、一度、習慣として根づいたことに関しては抜けにくいという特性があるのです。

もちろん、この性質は「融通《ゆうづう》がきかない」という短所になることもありますが、半面、「継続できる」という大きな長所でもあるのです。

つまり、礼儀や行儀の良い習慣を子どものうちに習慣化すれば、大人になってからも当たり前のこととして実践できることになるわけです。

たとえば、歯磨きをしないと気持ち悪いと感じれば、寝る前には必ず歯を磨くようになりますよね。

それと同じ感覚で、「脱《ぬ》いだ靴は揃えないと落ち着かない」「食事のときには『いただきます』を言わないと箸《はし》を伸ばすのに躊躇《ちゅうちょ》してしまう」といったことを習慣化させる。

そのためにも、**うるさがられてもしつこく言い続けることが大切なのです。**

それと同時に、心掛けてほしいのが、お母さん自身の言葉遣いや振る舞いです。「ちゃんとした言葉を話しなさい」と注意しておきながら、「なにそれ、ダサい」「パパの洋服、キモーい」などとお母さん自身が言っているようでは、子どもだって直そうとはしません。

まずはお母さん自身が良いお手本となって、子どもに「うちのママ、素敵だわ」と思わせることが肝心なのです。

私は長年、教育コンサルタントとして多くの親御さんに接してきていますが、最近、とみに感じるのは、お母さんたちの教師に対する態度の悪さです。私に対しても、まるで友だちのように話す若いお母さんもいらっしゃいます。しかも、面談で足を組んだり、ひじをついたり。そういうお母さんの子どもはやはり行儀が悪いことが多いのです。

もちろん、幼稚園や小学校といった場においても、子どもがお世話になっている相手を敬《うやま》い、丁寧な言葉で接するのは当たり前のことです。仮に、相手が10歳以上も年下の新米教師であっても、教師であることにかわりはないのです。ピアノなどの習いごとの教室の先生もしかり、スイミングなどスポーツ教室のコーチもまたしかりです。

きちんとしたお母さんの態度を見ていれば、子どもは自然に場の状況をわきまえた話し方や振る舞いを覚えていくものです。

子は親の鏡。厳しい言い方になりますが、子どものお手本になれているか、我が身を振り返ってみてください。

第5条　忍耐力のある女の子は最強である

女性と男性を比べた場合、忍耐力は女性が上だという説があります。その理由としては、出産という大きな痛みを伴う難事業に耐えられるから、などの諸説がまことしやかに伝えられています。

確かに、私の教室に通う生徒たちを見ていても、女子生徒のほうが我慢強い印象があります。ただし、出産を理由にするのはいささか違和感を感じます。むしろ女性が忍耐強いのは、「習慣性」と「イメージ力」に答えがあるのではないでしょうか。

女性には物事を習慣化しやすい性質があるとは、前に書いた通りです。特に女性の場合、幼い頃から教えられたことが習慣として根づきやすいのです。

つまり、**忍耐力がある子は、幼少期から親に我慢することを教えられてきた可能性が高いと言えるわけです。**

たとえば、下に妹や弟がいると、「お姉ちゃんなんだから我慢しなさい」と諭《さと》される場面が多々あります。おもちゃの取り合いになった時、残り1個のクッキーを下の子に食べられた時、お母さんに訴えたいと思っても、下の子の世話で忙しそうならぐっとこらえることもあるでしょう。そうした日常の中での我慢の経験を女の子は習慣として身につけていくことができるのです。

たとえ妹や弟がいなくても、日頃から親御さんが我慢を教えている家庭であれば、女の子は忍耐強く育ちます。

我慢を教えるなら、できるだけ小さいうちのほうが習慣化しやすいものです。物心がついた頃から始めても早過ぎることはないのです。

では、我慢を覚えることが、子どもの将来にどのように結びつくのでしょう。

まず、忍耐力のある子はわがままになりません。

また、自分とは異なる価値観や意見を尊重することもできるでしょう。

そして、ここで特筆したいのは、**忍耐力がある女の子は自分が思い描いたことを実現しやすくなる**という点です。

あなたのお子さんは、どのような夢を持っているでしょう。

「ケーキ屋さんになっておいしいケーキを作りたい」

「動物が好きだから獣医さんになりたい」

「ダンサーになってアメリカに行きたい」

など、それぞれに夢やあこがれを抱いていることと思います。もちろん成長するにつれてその夢は変わるかもしれませんが、どんな夢であっても、それを叶《かな》えるには多大な努力を伴うものです。

たとえば、獣医さんになるには、勉強をして専門の学部に入らなければなりません。

覚える知識や技術もたくさんあるでしょう。**そうした努力を地道に続けるための基盤となるのが、子どもの頃から培《つちか》った忍耐力なのです。**

ここで、いきなり話題が変わりますが、あなたはダイエットをした経験はありますか？「もちろん！」とお答えになった方ならおわかりいただけるかと思いますが、ダイエットには挫折しそうになることが度々あります。

おいしそうなケーキを目の前に出されたり、運動するのがイヤになったり。忍耐力だけでは支え切れない状況になった時、救世主となるのが「イメージ力」です。「ええーい、もう食べちゃえ」とフォークを手に取った時に、スリムになった自分の姿を思い描くことができれば、食べるのを踏みとどまれるのではないでしょうか。

感受性の豊かな女性は、このようなイメージをする力にも秀《ひい》でています。ダイエットに限らず、「獣医さんになった私」「ケーキのデコレーションをする私」など、自分の将来像が思い描けると、頑張る気持ちが湧《わ》き立ち、目標の達成に向かって邁進《まいしん》できるのです。

つまり、**忍耐力とイメージ力、この二つの柱が女性の「意志の力」となるわけです。**

受験勉強についても、同じことが言えます。中学3年ともなれば誰でも来年受験があることがわかっています。しかし、いつ本格的に受験勉強をやり出すのかと言うと、これは人によって開きがあります。

運動部ならたいてい夏前に最後の大会が終わり、部活動を引退します。すぐ切り替えて勉強し始めるかというと、男の子の多くはなぜだかしばらくダラダラします。連日のようにあった練習がなくなったので空白感が生まれてポケッとしているのかもしれません。しかも、こうした男の子の多くは、夏休みも勉強に身は入らず、9月になって2学期が始まっても、なかなか本格的に勉強しません。中には、2学期も終わりに近づき、周りが受験一色になるまで本気になれない男子がいたりします。

ところが女の子にはこういった子は滅多にいません。部活動を引退すれば、さっと切り替えて受験態勢に入る子が多い。

それどころか、中2の途中頃から、内申点のために、提出物を確実に出したりしている。いつまでもしっかりしない男子の甘さとは正反対です。

筆者はこうしたことをかねがね興味深く観察してきました。

「男の子の多くは切羽詰《せっぱつ》まらないと本気でやらないのに、女の子の多くはどうしてあらかじめするべきことはするべきと判断してやっておけるのか？」

皆さんはなぜだと思いますか？

なぜ女の子の方がするべきことに早めに着手できるのでしょうか？

この答えにはさまざまなものがあると思いますが、私がこれまでの経験から強く思うのが、先ほどから述べている「イメージ力」なのです。

子を無事産み育てるためには、先々のことをあらかじめよく考えて用意しておかなければならないように、**女の子たちは1年ぐらい先の近未来をイメージすることに敏感です。**

中学3年で急速に成績が上がり、見事難関進学校に合格した女の子は、次のように言いました。

「1学期の個人面談で、現在の成績で進めるところは、実は超バカにしていたテニス部の先輩が進んだ学校と同じレベルと言われたんです。自分がその学校に通っている姿を想像したら、私そんなの絶対にいやだと思ったの。おまけに制服もダサい。制服なんてないところがいい。それは上級校だけ。思えば、中1の時に素敵だなって思った先輩たちが進んだのはそうした学校ばかり。近所の評判もいいし」

つまり彼女は、見下している先輩と同じレベルの学校に通う自分の姿を想像して、「そんなのまっぴらゴメン」と決意したのだそうです。世間体《せけんてい》までも想像しているのは女の子の強みでしょう。我が愛すべきバカな男たちにはこんなことはほとんどありません。半年後の世間体なんて想像もつかないことです。

このように**イメージと忍耐が結びつきやすいのが女の子の特性です。**

ちなみに、女性の忍耐力が最もパワーアップするのは、どんな時でしょうか？

答えは、身の回りにあるものを守ろうとするときなのです。そう、その最たるものが子育て。まさしく「母は強し」というわけです。

第6条　女の子に自信をつけさせる魔法の言葉

女の子は口が達者で生意気、ということは、子育て真っ最中のお母さん方の誰しもが感じていることでしょう。まして、小学校に上がろうものなら、もはや気持ちの面では母親と対等です。

「部屋を片付けなさい」と注意をすると、「ママも早く洗濯物をたたんだほうがいいよ。パパが『家が汚い』ってブツブツ言ってたから」。

「ごはんは残さずに食べなきゃダメじゃない」と言えば、「ママみたいに太りたくないもん。お腹、ぶよぶよだよ」。

こんな具合に〝ああいえばこういう〟状態。グサリと刺さる辛辣《しんらつ》な言葉も平気で母親に投げつけてきます。そのため、ついついお母さんも「キーッ」となって、母と娘がいつしか女対女のバトルに。娘に対して余計なひと言を言ってしまい、冷静になった時に、「ああ、あんなこと言って傷つけちゃったかなぁ」と反省するというのは、どの家庭にもよくあるパターンです。

こうしたバトルは男の子にはあまり起こりません。男の子はお母さんにとっては異性であり、理解できないことが多いため、逆にあきらめてしまうことも多いのです。対して、女の子は同性なのでわかりあえる部分が多い分、少しの意見の相違が非常に気になります。「わかってくれるはず」という思い込みがバトルを激しくしてしまうのです。

では、娘と本気でケンカをしてしまった時にはどうすればいいのでしょうか。後から、「ごめんね」のひと言が言えればOKだと私は思います。娘さんも、「自分も言い過ぎたな」と思っているはずですから。

ただし、こういうふうにひと言で許し合えるには、母と娘の絆《きずな》が深く結ばれていることが条件。自分の娘だから許してもらえるというのは大間違いです。

では、その絆とはどのように結ばれるのでしょうか。

それには**日頃の娘に対する接し方が肝心になってくるのです。**

おそらく、この本を読んでくださっている親御さんは、お子さんを強く愛していることと思います。

では、その愛情を言葉に出してお子さんに伝えていますか？

こう聞かれると、「うーん、たまには」と逡巡《しゅんじゅん》する人も多いのではないでしょうか。「以心伝心、黙っていても心は伝わる」というのは日本に古くから伝わる思想ですが、やはり黙っていたら伝わらないこともあります。

夫婦の関係でも、「ありがとう」という感謝の気持ちは言葉にしてくれたほうが嬉しいはずです。

親子だって同じ。「親が子どもを愛しているのは当たり前。ことさら伝えなくても、理解しているはず」と思うのは、**親としてあまりに手抜き**としか言えません。

とはいえ、毎日「愛しているよ」と伝えるのも、言葉の重みがなくなってしまいそうですよね。では、どうすればいいのでしょうか。

私が提案したいのが「かわいい」のひと言です。お子さんに、ことあるごとに、「かわいいね」と言ってあげてください。私のこの持論は、今まで書いてきた本の中でくり返し述べてきたことですが、ここでもう一度言わせていただきたい。**「かわいいね」こそ、女の子に自信をつけさせる魔法の言葉なのです。**

「かわいい」というと外見のことを言うように思うかもしれませんが、決してそうではありません。ふともらした思いやりの言葉や、優しい行動、思わず微笑んでしまうような愛らしい仕草などあらゆる場合に「かわいい」という言葉が当てはまります。

もちろん、こうした「かわいい」という言葉を発するには、子どものことをしっかり観察していなければなりません。そうやって親が自分を見ていてくれるという気持ちもあって、愛されていると子どもは実感できるのです。

さらに言えば、**この「かわいいね」という言葉は、「あなたがいてくれて嬉しい」という存在そのものを認めることも意味します。**実際、お子さんがいてくれるだけで幸せですよね。

こうして自分の存在そのものを認めてもらえると、自分はありのままでいいんだという自己肯定感が生まれて、強い自信が持てるようになります。

実は、ここに、男の子との歴然とした違いがあります。

男の子の場合、「よくやったね」「がんばったね」といった、がんばりやチャレンジしたことを認めて褒める言葉が大事です。失敗に終わったことでも、チャレンジしたその行為自体を褒めてもらえると、自分が認められたという充足感、いつも親は見ていてくれるという安心感、そして自分は愛されていると実感できます。

もちろん、女の子も「がんばったね」というやったことを認めてあげることは必要です。しかし、女の子はもともとまじめなところがあるので、「がんばったね」と言われると、嬉しく思いながらも、「もっとがんばらなきゃ」「もっとがんばらないと親に褒めてもらえない」と自分を追いこんでしまうのです。

その結果、親の期待を必要以上に感じてしまい、プレッシャーにつぶされてしまうこともおこり得るのです。

思えば、女の子というのは生まれた時から「存在」を肯定された存在です。結婚して妻になっても、そばにいてくれるだけで幸せ、というのが世の夫たちの本音なのです。女性はいるだけで価値があるものなのです。

長い人生のうちには、なんとかしようと思っても、思い通りにならないこともあります。努力がむくわれないこともあります。くじけそうになることもあるでしょう。

この時に「自分は大丈夫」と確信できる、自信の種になるのが〝自己肯定感〟です。

そのためにも「かわいいね」と存在をそのまま認めてあげることが大切なのです。

「かわいいね」と言われて育った子どもは間違いなく強くなります。

「がんばれ」と何万回言うよりも「かわいい」のひと言。

自信の種は大きく育ち、同時にお母さんに対する信頼感も強くなっていきますよ。

第7条　「NO」と言える女の子に

女性は「順接」、男性は「逆接」。

これ、なんのことだか、おわかりになりますか？

答えは会話の流れ。相手が話したことに対して、「そうなの、その通り」とまずは同調してから、自分の言いたいことを話すのが女性の話法。対して、男性は「いや、しかし」と逆接で切り返してから、次の話につなげていくという特徴があります。

超逆接型話法を自認する私にしてみると、大変失礼ながら、順接型の女性同士の会話を聞いていると背中がむず痒《がゆ》くなります。逆の意見を言っているにもかかわらず、相手の話には「そうなの、そうなの」と頷《うなず》いている。その曖昧《あいまい》さが不思議でならないのです。

面白いことに、この会話のセオリーは男女ともに子どものうちから身についていま す。特に顕著《けんちょ》なのは女の子。試しに、娘さんとお友達の会話に聞き耳を立ててみてください。間違いなく順接トークをしているはずです。

では、なぜ、女性は順接で会話を進めるのでしょう。それはひとえに、**協調能力に優れているから**にほかなりません。

協調能力とは相手や周りに合わせて柔軟な対応が取れる能力です。この力を備《そな》えている女の子は、学校で集団生活をする時にも和を乱すことはありません。

たとえば、放課後にどこで遊ぶかを相談している時に、校庭がいいという子と公園に行きたいという子で意見が分かれたとしましょう。

女の子の場合は、「じゃあ、最初に校庭で遊んで、途中から公園に行かない？」とお互いに譲歩し合える。平和的解決の道筋をスムーズに選択できるのです。

これが男の子であれば、校庭派と公園派はまっぷたつ。侃々諤々《かんかんがくがく》の論議の末、「じゃあ、オレらは校庭で遊ぶワ」「いいよ。オレらは公園に行くから」と分かれて遊ぶことで決着をみます（とはいえ、遊ぶうちにどちらかに流れて、結局、合流していたということもよくあるのですが）。

クラス単位で行動するときでも、協調性のある女の子が率先して行動することが多いようです。全員で大縄跳びに挑戦しよう！　なんて話が持ち上がった時にも、目標に向かって協力し合えるのが女の子の長所なのです。

しかも、協調性があれば、考え方が異なる友達にも歩み寄れて、相手の気持ちを思いやることもできます。つまり、ご両親が願う通りのやさしい子に育つのです。

と、良いことばかりを書き連《つら》ねましたが、実は協調能力にはデメリットもあります。

その一つは優柔不断。「ＮＯ」が言えないところです。

また、周りに染まりやすくて、流されやすい。

たとえば、先生の机にいたずら書きをしようと誘われた時にも、断れずに一緒になってやって大目玉をくらう。

まぁ、その程度のいたずらなら目をつむれますが、中学や高校になると素行のよろしくない友達の誘いを断れず、ずるずると転落――ということもなきにしもあらずです。

そうならないためにも、**ぜひ教えていただきたいのが、自己主張することの大切さ**

です。周りと歩調を合わせながらも、主張すべきところは曲げない。

第5章で詳しく書きますが、**「あなたならどうする?」「あなたはどう思う?」と問いかけられながら育った子は、自分の意見をしっかり言うことができます。**

この自己主張と協調性がバランス良く整えば、自分の考えを明確にしながら、周りの意見も汲《く》み取れるようになるでしょう。

そんな能力を備えた子はリーダーの素質十分。クラス委員、生徒会長、果ては企業のトップまで上りつめるかもしれません。

第8条　判断力を身につけさせよう

「女は黙って父親や夫の言う通りに進めばいい」

という古めかしい家訓を掲《かか》げる家庭はもはや絶滅寸前でしょう。

それどころか、ひ弱な男子が増える昨今、「男は黙って女性について行く」というケースが目を引くように思います。

実際、デートをしている男女の会話に聞き耳を立ててみると、「今日はどこ行く?」との彼氏の問いかけに、「映画にしない? 観たい映画が今日から公開なの」と彼女が即決。彼氏はそれに不満を述べるでもなく、むしろ予定が決まってよかったというような表情です。最近は、「年上とつきあうと、何をするかいちいち考えなくてすむから楽」と口にする男子もいます。

そんな時代ですから、女性にも今まで以上に、判断力や決断力が求められるようになります。

右と左で迷った時にどちらの道を選ぶべきなのか。自分自身で最良の選択ができる力を養うのが**「経験」**です。いや、経験以外で育《はぐく》むことができないと言うべきかもしれません。しかし、現実的に子どもに判断を委《ゆだ》ねている家庭は非常に少ないように感じます。

「これからは女性も自分で歩いていかないと」

そう思っている人でも、いざ、娘を前にすると、「ぐずぐず言ってないで、言われた通りにしなさい」「親の言うことを聞いていれば、間違いはないのよ」と頭ごなしに言ってしまっていませんか？

親が下した結論にたとえ納得していなくても、「大人の言うことだから、そっちのほうがいいのかな」と素直に聞いてしまうのが女の子。こうしたことが重なる度《たび》に、決断力も判断力も育つ機会が奪われてしまうのです。

親の庇護《ひご》にあるうちはそれでもいいかもしれません。しかし、子どもはいつかは巣立つべきもの。そのときに自分で判断した経験がないと誰かに判断を仰《あお》ぎたくなります。

うまい話にのせられて詐欺にあってしまった、という話があとを絶《た》ちませんが、それも判断力の有無がひとつの要因でしょう。そこまで極端ではなくても、人に言われた通りにしてその結果が失敗だったら相手を恨んで、「私の人生はこうじゃなかった」「あのとき、違う道を選んでいたら」と後悔しながら生きていく、なんてことにもなりかねません。

また、判断力は、頭の良さとも密接に関わっています。

たとえば、掃除機を買う場合、商品それぞれのメリット、デメリットを調べたり、使い心地、耐久性、手入れのしやすさなどを想像しながらどれにするか考えますよね。つまり、判断するとは非常に頭を使う行為であり、その能力が勉強面でも大いに役立つのです。

買い物は判断力を養うのに絶好のチャンスです。

たとえば、運動靴を買ってあげる場合でも、どれにするかの選択は子どもに任《まか》せてみてください。色、柄、サイズ、予算など、子どもなりに考えて結論を出すはずです。こういう機会をできるだけ多く与えてあげましょう。経験が多ければ多いほど、賢い子どもに育つのです。

もちろん、事柄によっては子どもに判断を任せられない場面もあるでしょう。その場合には、徹底的に話し合うことが大切です。

8歳ぐらいになると塾に通うかどうかを検討するご家庭が増えてきます。成績を伸ばすため、あるいは中学受験も視野に入れて塾に通わせたいと親が思っても、「友達と遊べなくなる」と子どもは断固拒否。もし、そのように親子で意見が食い違ったなら、徹底的に話し合ってください。

子どもには塾に行きたくない理由を理路整然と話させる。これは論理的な思考を養う意味でも役立ちます。一方で、親御さん自身も子どもが納得できる材料をそろえて塾に行く意味を説《と》いてください。

こうしてよく話し合った末の選択であれば、たとえそれが子どもの考えとは違う結論であっても、判断力を奪うことにはなりません。それに子ども自身、納得の上で塾通いができるので、無理矢理行かせるよりも効果は高くなります。

最もいけないのは、親の考えを、有無を言わさずに押し付けること。よく肝《きも》に銘じておいてください。

第2章

女の子の反抗期をうまく乗り切るコツ

女の子の反抗期がひどくなっている

生まれてからひとり立ちするまでの長い子育て期間で、避けて通れないのが反抗期です。反抗期は男の子特有の現象と思い込んでいるお母さんがよくいらっしゃるのですが、いえいえ、とんでもありません。女の子にも反抗期はやってきます。しかも、「草食男子に肉食女子」なる言葉もあるように男女の性差が逆転する昨今では、**男の子より女の子のほうがむしろ手ひどい反抗期がやってくるケースが増えているのです。**

それまで「ママ、ママ」と甘えてきた子でも、反抗期に突入すると親の言うことにいちいち反発して、ちょっとしたことで怒り出したり、泣き出したりと、とてもナーバスです。

すでに娘の反抗期を経験した親御さんからは、こんな声がよく聞かれます。

「それまでは『行ってきます』『ただいま』は必ず言っていたのに、反抗期になったら黙って出て行くようになり、無言で帰宅。夕食後に話しかけようとしても『うるさいなぁ』と自分の部屋にこもって出てきません」

「部屋の掃除をしてあげたら、『勝手に人の部屋に入らないで』と怒り出したのにはびっくり。前はそんなことなかったのに」

どうでしょう?

「今の娘からはちょっと想像がつかないわ」という方もいらっしゃるかもしれません。しかし、繰り返しになりますが、女の子にも必ず、反抗期はやってきます。女の子の子育てをしているお母さん方も、これから訪れるであろう反抗期に十分な準備と心構えをしていただきたいと思います。

では、その反抗期はいつ頃、やってくるのでしょう。

男の子の場合、思春期を迎える小学校高学年から中学ぐらいまでが一般的です。第二次性徴期であるこの時期は体つきがゴツゴツとして、すね毛が濃くなる子どもも出てきます。声変わりも大きな特徴であり、男らしい特色が出てくるのと同時に、反抗期が訪れるというわけです。

それに比べると、**女の子の反抗期はもっと早く、学年でいえば小学校4年生あたり**

から顕著になることが多いようです。初潮を迎える女の子が出てくるのがちょうどこの時期。胸が大きくなり、体つきもふっくらとしてきたら、「そろそろかな？」と覚悟をするといいでしょう。

もっとも、反抗の程度には個人差があり、蚊《か》に刺された程度の子もいれば、クマバチに襲われたぐらいのひどい状態になることもあります。

どちらの痛みがいいかは、聞くまでもないですよね。

世のお母さんが嘆き悲しむこの時期をできるだけ軽く済ませたい。

そう考えるのであれば、**8歳までの子育てが重要であり、なおかつ、反抗期にさしかかったら接し方を変えること。**

そうすれば、心穏やかに反抗期を乗り切れることは間違いありません。

反抗期はなぜやってくるのか

反抗期の娘さんへの接し方について述べる前に、そもそもなぜ反抗期はあるのかをお話ししたいと思います。

生まれて間もない頃は、母と子は一心同体です。ママの姿が見えないだけで泣かれたり、ハイハイで後を追われたりという思い出は、おそらくみなさん、お持ちなのではないでしょうか。

そんな母と子の関係は、子どもが成長するにつれて変化します。

足元がしっかりしてくる2歳頃、「イヤイヤ期」を経験しませんでしたか？　お母さんの言うことになんでも「イヤ」と駄々をこねる。この「イヤイヤ期」は自立への第一歩。「イヤ」という言葉の裏には、「もう赤ちゃんじゃないんだから、自分のことは自分で決めさせて」という気持ちが隠されています。自我が芽生えて、お母さんと自分は違う人間なんだと初めて気づくのがこの時期なのです。

子どもに芽生えたその自我は集団生活を経験し、友達や先生との関わりの中でどんどん成長していきます。そして、本当の意味での自立が始まるのが、第二次性徴期とともに訪れる反抗期なのです。

すなわち、**反抗は「自分はもう子どもじゃない。一人の大人として認めてほしい」という心の叫び。**同時に、親は親である前に一人の人間なんだと気づき、自分の親は一体どんな人間なのかを必死に探ろうとして反発を試みています。

この過程を経て、親と自分の関係を客観視できるようになって初めて、子どもは親から自立できるのです。

赤ちゃんが一人で立って歩けるようになると、親は手放しで喜びますよね。「あーあ、歩けるようになっちゃった、どうしよう……」と嘆く親はいません。

反抗期も同じように成長の過程の一つです。わが子が自分の足で立ち上がり、一人で歩もうとしているのに、

「なんで、反抗期が来ちゃったのかしら。困ったわ」

と嘆くのはおかしな話です。本来は喜ぶべき成長であることを、しっかりと頭に入

れておいていただきたいと思います。

もっとも、前に申し上げたように、反抗の程度には個人差があります。頭を抱えてしまうほどひどい場合もあれば、後になって、「あれが反抗期だったのかもね」というぐらい、あっさりすぎてしまう子もいます。なかには反抗期がなかった、というケースも最近は増えているようです。

その違いは、一体、どこにあるのでしょう。

子どもの気性《きしょう》もあるでしょうが、**多くは親の接し方、特に母親との関わり方にあると私は考えています。**

「自分の産んだ子どもなんだから、何を言ってもいい」

「子どもにはなにも判断できないのだから、親が決めて当たり前」

そう思っていませんか？

そのために、本当は言ってはいけないことまで口にしたり、子どもの気持ちを無視して一方的に指図したり。

このような接し方を続けていては反抗期はひどくなるばかりです。

大切なのは子どもの気持ちを尊重して、自立を応援していく姿勢。まずはこの点をよく頭に入れておいてください。

いちいち反抗的な女の子への対処の仕方

「反抗期になってから娘との口喧嘩が絶えないんです」

そう嘆くお母さんはたくさんいます。

男の子の場合、反抗期に入ると親の言うことを一切無視することが多いのですが、口の立つ女の子の場合、口調が刺々《とげとげ》しくなり、お母さんとの舌戦《ぜっせん》が展開される傾向があるのです。

たとえば、登校前に「忘れ物はない？」とお母さんが声をかければ、「あるわけないじゃん」とひと言。

「ピアノの課題は練習したの？」と言えば、「うるさいなぁ、やってるから。お母さんには関係ないでしょ」と言い返す。

生意気な娘の口の聞き方にお母さんの怒りが一気に爆発して、口のバトルが発生……といったことになるわけです。

それまでと言葉も態度も変えていないのに、なぜ、娘は反抗的な態度しか取れないの？　と首を傾げるお母さんも多いことでしょう。

バトルの原因は、子どもが自分の周りに見えないバリアを張り始めたから。**自立に向けて歩み始めた子どもは「ここから先は自分の領域。だから、お母さんでも入らないで」と親との間に境界線を作るのです。**

もちろん、それは親にとっては喜ぶべき成長なのですが、多くのお母さんはそのバリアを無視して、今までと同じようにズカズカと中に分け入ってしまい、その結果、口喧嘩となってしまうのです。

ここでご理解いただきたいのは、お子さんが反抗的な態度を取ったからといって、お母さんの存在そのものを否定しているわけではないということです。

考えてみてください。反抗する子どもでも、お母さんの作った食事は食べるし、洗濯もしてもらうでしょう。

子どもにとっては今まで通り、「大好きなママ」であることに変わりはなく、大人になる準備として、親との関わり方を軌道修正しようとしているだけなのです。

それなのに、お母さんは全否定されたかのように嘆き、悲しみ、憤る。**反抗期に苦しむのは非常に愚かなことである、と私は断言いたします。**

加えて申せば、反抗期を卒業した女の子は、再び、母親のそばに寄り添うようになります。むしろ、娘さんが大人に近づいたことで、それまで以上に仲良くなれたりもするのです。実はその点が男の子の反抗期との違い。男の子は反抗期を終えると、母親とは距離を置くようになります。

というわけで、反抗期になってもお母さんは悠然と構えていればいいのです。そうすれば、かえって反抗期は軽く済むかもしれません。

もっとも、そうは言っても娘さんのつっけんどんな態度や辛辣《しんらつ》な言葉には、腹の一つも立つでしょう。いちいち反抗的な子どもにどのように対応すべきかと、悩む場面は多々あると思います。

そんな時、心がけていただきたいのは、**ひと呼吸置くこと。**そして、できるだけ客観性を持たせた物の言い方をする。この二点を意識するだけで、娘さんの態度もずいぶん違ってくるはずです。

たとえば、食べた後の食器をそのままにして子どもが席を立ったら、「片付けなさい」といきなり声を荒《あら》げるのでなく、「ちょっといいかしら」といった言葉を先に発して間合いを取ります。このひと言を挟《はさ》むだけで、子どもは親の言葉に耳を傾ける態勢になり、お母さん自身も冷静になることができます。

その上で、「食器を流しに下げるのは、うちのルールだったわよね。ルールを守ることでお互いに気持ちよく生活できると思うのだけれど、どうかしら？」と客観的に見て娘さんの態度がよくないことを話して聞かせてください。

子どもを一人の大人として扱い、それにふさわしい言い方に変える。ここがポイント。

もし、この時に、ヒステリックに、「いつも片付けなさいって言っているのに、なんで守れないの！」と声を荒げてしまうと、売り言葉に買い言葉的な反応が返ってくるだけ。小さな頃ならそれでも言うことを聞いたかもしれませんが、反抗期の子には通用しません。

こうしたアドバイスを私がすると、

「なんで、子どもに気をつかわなくちゃいけないの？」

と不満顔のお母さんがたまにいらっしゃいます。
「親は子どもにとって絶対の存在なのだから、子どもの顔色をうかがうのはおかしい」
というのがその方の主張です。

しかし、これでは子どもが張ったバリアを強引に打ち破っているのと同じ。子どもの反抗はますますひどくなって長期戦となり、もしかすると親を軽蔑して、そのまま母親のもとには戻ってこないかもしれません。

その点、自分を一人の大人として扱ってくれる親であれば、信頼が増す上に、反抗しているのが次第にバカらしくなります。反抗期を軽く短く終わらせたいのであれば、**まず親が変わる。**これを忘れないでください。

素行不良な女の子への対処の仕方

反抗期が子どもにとって必要な成長過程であり、たとえ反抗的な態度をとってもむ

やみやたらと心配しなくてよいことは、ご理解いただけたかと思います。ただし、親御さんに注意していただきたいのは、家庭内でなく、学校での横暴な振る舞いです。

私の教室に通うある女子生徒が、学校に提出した作文を見せてくれました。

その内容を読んで、私は愕然《がくぜん》としました。明らかに一人の子どもを標的とした、いじめとも取れる内容がさらっと書いてあるのです。

私がその子に、「この作文を読んで、先生はなにか言っていた？」と訊ねると、その子は、「はい、友達とは仲良くしましょうって言っていました」とこともなげに答えるのです。

この女子生徒に限らず、特定の友達を仲間はずれにしたり、物を隠すなどの嫌がらせをしたり、なかにはクラス内で順列をつけて支配する、いわゆるスクールカーストを作り出し、いじめの首謀者になる子も出てきます。

つまり、いじめと言える問題行動が多くなるのが反抗期のこの時期。もし、娘さんにその兆候が見られたら放っておいてはいけません。

こう申し上げると、大抵の親御さんは首を横に振って、

「まさか。うちは大丈夫です」

と一笑《いっしょう》に付されます。

しかし、考えてもみてください。大人でさえ、職場におけるパワーハラスメントなどのいじめが問題視されています。いや、職場だけではありません。お母さん同士という間柄であってもママ友カーストができて、上の立場の母親が下の人たちを手下のように扱うともよく耳にします。

子ども社会も同様です。さまざまな家庭環境の子どもが集まる学校という場で、集団生活をしていると、陰口を叩いたり、仲間はずれにしたり、いじめと言える悪質な嫌がらせなどの問題は大なり小なり起こるものです。

まして、反抗期に入る頃は、思春期の多感な年齢であり、初潮が始まることによって体内のホルモンバランスが変化をしています。

このホルモンバランスについては、本書の冒頭でも触れましたが、女の子を持つ親御さんにはぜひ知っておいていただきたいことなのでもう一度、記しておきたいと思います。

そもそも女性特有のホルモンには、卵胞ホルモン（エストロゲン）と黄体ホルモン（プロゲステロン）の2種類があり、このうち胸がふくらんだり、体がまるみを帯びたりという変化は、エストロゲンが関与していると言われています。

どちらのホルモンも分泌が増え始めるのが8歳頃。このホルモンの分泌により、体つきが女性らしくなっていき、赤ちゃんを産むための準備として初潮が始まるわけです。

そこで、ポイントになるのが、**女性ホルモンによる影響は、体だけでなく精神面にも出るということ。**気持ちが不安定になって、イライラしたり、怒ったり、泣いたり。女性は生理前になると情緒不安定になると聞きますが、初潮を迎える前の女の子もそれと同じ状態になるのです。

この初潮前のイライラが、女の子特有のわがままを助長させて、友達との軋轢《あつれき》を生むのです。しかも、小学校高学年になれば、中学入試を控えた子どももいて、受験勉強による過重な負担によってイライラは募《つの》る一方。心に火薬を撒《ま》いたような、まさに一触即発の状況で集団生活を送っているわけです。

このような中でいじめが起こるのは当たり前と言えば当たり前でしょう。いじめを未然に防ぐためにも、親御さんは子どもの様子にいつも以上に注意を払わなければならないのです。

では、もし、娘さんに問題行動が見られたら、どう対処すべきなのでしょうか。

結論から申し上げれば、相手の立場に立ってものを考えられるよう教えていくしかありません。

この言葉を言われたら、こんなことをされたら、果たしてどんな気持ちになるのか。そのイメージができるように導いてやるのです。

具体的な方法としては、「感受性を豊かにする」「お金や物を簡単に与えない」「忍耐を覚えさせる」の三つ。いずれもここまでに書いてきた、女の子の育て方の最重要課題です。

感受性が豊かであるということは、友達の気持ちにも敏感になれるということ。自分の言動が相手に与える影響も、想像できるようになるでしょう。植物を育てさせたり、猫や犬を飼って世話をさせたりと、なにかに愛情を注ぐことも他者を思いやることにつながるはずです。

お金や物を簡単に与えないというのは、わがままに育てないための一番の秘訣です。世の中、すべて自分の意のままにはならないことを、ぜひ教えていただきたいと思います。

忍耐については、習いごとやお手伝いなど、身につける機会はさまざまにあるはずです。もちろん、欲しい物を我慢させるのも忍耐につながります。

これらは本来、小さいうちから育むべきものですが、今からでも遅くはありません。友達を思いやれて、自分の気持ちをコントロールできる、そんな女性になるように育て直していただきたいと思います。

加えてもう一つ、お母さん方に気をつけていただきたいのは、子どもの前で人の悪口は言わないということです。これは絶対に守っていただきたい。

「○○ちゃんのお母さんは先生にいい顔しちゃって、点数稼ぎもいいところだわ」

「パパのじーじとばーばが今度、遊びに来るって。どうしてこんな忙しい時期に来るのかしら。嫌がらせとしか思えないわ」

そんな陰口を聞いて育った子どもが、果たして他者を思いやれる子になるでしょうか。

女の子は男の子以上に、母親の影響を受けやすいものです。お母さんが良いお手本となり、他者に思いやりのある言葉や態度で接していれば、娘さんもきっと優しい子になっていくでしょう。

母親の夢を娘に押し付けない

親なら誰しも子どもの将来に夢を持つものです。これは決して悪いことではありません。子どもへの夢は子育ての原動力であり、その夢があるからこそ、辛い子育ても頑張れる。まして、同性である娘には、自分が叶えられなかった夢を実現させてほしいと期待はふくらむ一方でしょう。

ただし、です。その親の夢を、もし子どもが望んでないのであれば、無理矢理、押し付けるのだけはやめていただきたい。

なぜなら、**子どもには子どもの人格があり、夢があり、人生があるからです。**自分と同一視して、あたかも子どもを所有物のように操るのは非常に危険なことだと認識していただきたいと思います。

確かに、「母親の夢だったオリンピックのメダルを娘が取ってくれた」というような、親子鷹《おやこだか》の美談を耳にすることはありません。親にとってこれほど喜ばしいことはなく、「うちもそうあってほしい」と期待するのかもしれません。

しかし、その一方で、親の夢を押し付けられたがために、その重圧と苦痛から子どもが心を病んで学校に行かなくなったり、万引きなどの問題行動を起こしたり、というケースもまた無数にあることをご存じでしょうか。

子どもを自分の一部のように支配する母親を、巷《ちまた》では「毒母」「毒親」と呼ぶようですが、文字通り、子どもの毒になるばかり。

母娘の確執《かくしつ》は非常に根が深く、大人になった娘が親との縁を切って、一切の音信を断っているという話も珍しくはないのです。

そんな母娘の関係の岐路になるのが〝反抗期〟です。

反抗期は自立への第一歩であることはすでに述べた通りですが、子どもに夢の押し付けをしていないか、子どもを支配していないか、わが身を振り返るのにも最良の機会となります。

親からの押し付けがきつい家庭ほど、反抗はひどくなり、長引く傾向があることも知っておいていただきたいと思います。

そこで思い出すのは、知人から聞いたバレエを巡る母と娘のエピソードです。

そのお母さんはかつてバレリーナとして世界の舞台に立つことを夢見ていました。ところが、足首と膝にケガをしてバレエを断念。自分の夢を生まれてきた娘に託そうと、3歳からバレエ教室に通わせ始めたのです。

バレエの先生からは、「筋がいいから、将来、留学させては？」と言われるほどに娘さんは進歩が著《いちじる》しく、お母さんの期待はふくらむ一方。ところが、娘さん自身のバレエ熱は小学生になってから低下して、レッスンを休みがちになり、バレエに関して口喧嘩が絶えない毎日だったそうです。

そして、小学校3年生になったある日、娘さんは「バレエを辞める」と言い出し、用具をすべてゴミ袋に入れて捨ててしまったというのです。

お母さんはその行為に憤慨したものの、夫や自分の母親にこう言われたそうです。

「バレエはあなたの夢であり、娘の夢ではない。あなたの自己満足で続けさせても、子どもの幸せには結びつかないのではないか」と。

その言葉に彼女はハッとしたそうです。そして、バレエを続けるか否《いな》かを娘に選択させる気持ちになれたのです。

娘の出した答えは、もちろん「辞める」でしたが、「代わりにジャズダンスを習いたい」と言われて親は驚いたとか。「バレエはダサい」と言うのです。

この経験から、それ以降は娘を一人の個として認め、なにかを決める時にも必ず、意見を聞く気持ちになったそうです。当然、親子の関係も良くなり、娘が成人した今では友達のように仲が良いとの話も聞いています。

このお母さんのように途中で気づければいいのですが、世の中には軌道修正ができないまま、娘との間に深い溝をつくってしまう人も大勢います。

ですから、反抗期というタイミングを利用して、母と娘の関係を見つめ直していただきたいのです。

勉強についても同様です。

「自分が合格できなかった大学に行ってほしい」と、娘の意思はまるで無視して塾通いを強制したり、成績に関してプレッシャーを与え続けたり。これはすぐに改めていただきたい。

自分の夢というよりは、世間体のために子どもに勉強を強《し》いるお母さんもいますが、これは夢を押し付ける以上にタチが悪いかもしれません。

「大学は早稲田・慶應以上でなければ恰好《かっこう》が悪い」

「○○ちゃんと同じ桜蔭中学に行けなくちゃ恥ずかしい」

母親の体裁《ていさい》のために「やらされる」勉強は、結局、なにも身につかないもの。

勉強の目的は、その子なりの知恵を発達させて、その子なりのやりたい仕事に就《つ》けるようにすることにあります。お母さんの見栄のためではないことをきちんと認識してください。

自分が進む道を、子ども自身が考えて選んで行けるように導くのが親の務め。

河川《かせん》にたとえれば、流れが滞《とどこお》らないようにしてやるのが親の役割であって、右に流れていこうとする川を左にねじ曲げたり、途中でせき止めたりしては、「毒母」「毒親」と言われてもしかたありません。

親失格の烙印《らくいん》が押されないよう、反抗期に向けて準備を始めてみてください。

第3章

こうすれば効果的！
女の子のしつけ

汚部屋の住人にしないために

しつけとは、規律や礼儀作法など慣習に合った立ち居振る舞いができるよう子どもに教えることです。

最近は学校にしつけ教育を求める保護者も見受けられますが、本来は家庭で教えるべきことです。学校に委《ゆだ》ねるのはお門違《かどちが》いと申し上げるしかないでしょう。

そのしつけの中で、女の子に対してまず先に教えてほしいことがあります。それは整理整頓の習慣です。

必要なものがすぐに取り出せるよう分類して、しまう。使ったら元の場所に片付ける。床に髪の毛やゴミが散らからないよう適宜掃除をする。

かつては女性のたしなみとして当たり前だったことが、近頃の女の子はできなくなっているようです。中高生の女の子を持つお母さんが、「息子以上に娘の部屋が汚い」

と一様に嘆くのですから、間違いはないでしょう。

それらの証言をまとめてみると、机の上は物が占拠して教科書すら開けない。ベッドや床には着たのか着てないのかわからない洋服が山積みされている。タンスの引き出しはあけっぱなし。床には雑誌に混じってお菓子の空《あ》き袋や飲みかけのペットボトルが散乱……。

といった具合に、まるで泥棒にでも入られたかのような惨憺《さんたん》たるありさま。これが女の子の部屋だというのですから、眼を覆《おお》うばかりです。

世の中には「汚部屋」に住む「汚ギャル」なる〝人種〟が棲息《せいそく》しているともれ聞きますが、それは限られた一部の話でなく、大なり小なり女の子全般に蔓延《まんえん》していることなのでしょう。

なぜ、女の子の部屋が汚いのか。理由は明白です。お母さんが整理整頓を教えていないから。残念ながら、これしか考えられません。

「うちはちゃんとお片付けをするように言っています！」

と口を尖《とが》らせるお母さんもいらっしゃるでしょう。

もちろん、それは重々承知しています。「片付けなさい」はお母さんの三大お小言の一つ、言わない日はないぐらいなのかもしれません。

それでも、片付けられない女の子が増えているのは、整理整頓をする意味と片付け方を教えていないからなのです。片付けることを強要するだけで、肝心の部分を教えていないのですから、整理できなくてもしかたありません。

たとえば、バイオリンを弾こうとした時、持ち方や弓の動かし方など基本技術を学ばなければよい音色《ねいろ》は出ません。同様に、**整理整頓にも基本技術があるのです。**それを知らないまま、「さあ、片付けて」と言われても子どもは戸惑うだけ。そのうち、片付けるのが苦痛になり、「ま、いいか」が重なって汚部屋の住人となるわけです。

最悪なのは、お母さん自身が片付けられない家庭です。「片付けなさい」と言いながらも、リビングやキッチンは散らかり放題。新聞やチラシ、わけのわからない小物が幅をきかせるダイニングテーブルで、隙間《すきま》を縫《ぬ》うように食事をしている家庭を目にしたことがあります。これでは子ども部屋が汚いのもしかたのない話です。

「きれいな部屋にいると気持ちいい」という感覚をそういう子どもたちは知りません。だから平然と暮らせるわけなのです。

そんな状態で育った女の子であれば、結婚してからもご主人の趣味が掃除でもない限り、愛想をつかされるのは目に見えています。

お姑さんからは「一体、どんなしつけをされてきたの？」と嫌味を言われて、「親の教育がなってない」と母親に非難が集中することでしょう。

ただし、私が整理整頓をしつけの一番に挙げた理由はそれだけではありません。**部屋をきれいにすることは、何を隠そう、感受性や頭の良さとも密接に結びついているからです。**

この点について詳しく説明しましょう。

まずは感受性。何度もお話ししている通り、感受性とは美しいものや心地良いものに敏感に反応できる心のあり様です。女の子にとって最も大切な能力であるのに、散らかった汚い部屋で暮らしていると感受性は鈍くなっていきます。汚れた空気の中で暮らし続けると何も感じなくなるのと同じように、部屋の汚さにも馴《な》れが生じます。するると、美しいものが近くにあっても気づかず、感動も好奇心も生まれず、しまいには人生を深く楽しむことができなくなります。

一方、勉強については、よく頭の中の状態は机の上に表れるといいますが、まさしくその通りです。物の整理能力のない子どもは、どんなに知識を詰め込んだところで、その知識を活用できません。混沌とした頭の中では、必要な時に必要な知識を引き出すことができないのです。

箱の中に無造作《むぞうさ》に放り込まれたおもちゃから、目的の人形を探し出そうとすると時間も労力もかかりますよね？　頭の中もおもちゃ箱と同じ状態になってしまうのです。

その点、整理整頓が身についている子は、勉強においても系統立てて考えることができます。だから、受験勉強を始めた時にも強いのです。

歩きにくいとか、生活スペースが狭くなるといった物理的な問題だけでなく、子どもの心と頭の成長にも大きく関わっているのが整理整頓の習慣。

お子さんのスペースは、今、どのような状態でしょうか。

すすんで整理整頓ができる子にするには？

整理整頓の重要性について述べたところで、実際、どのように教えればいいのかをこれからお話ししていきましょう。

まずは私のほうから質問をさせてください。あなたはお子さんの部屋が散らかっている時、どのような言葉をかけていますか？

「床に物があると邪魔なのよ。掃除機がかけにくいから片付けて！」

「机の上がこんなに散らかっていて、一体、どこで勉強するつもり？」

「テレビを観ている暇があるなら、部屋をきれいにしなさい！」

もし、あなたがそんなふうに金切り声をあげているだけであれば、残念ながら子ども部屋は何年かかってもきれいにはなりません。

なぜなら、これらはいずれも「結果」をまくしたてているだけだからです。

物事には「結果」の前には、必ずや「原因」があります。その原因を改善しなければ、結果は変わらない。すなわち、整理整頓は身につかないのです。

では、その原因とは何でしょうか。先ほども述べた通り、部屋を散らかす子どもは、整理整頓の基本技術を知らないのです。であれば、親が見本を示して、一から教えてやる、これが何よりも大切なことになります。

この整理整頓の基本技術は、本来、幼児期から教えるべきものです。まずは子どものテリトリーであるおもちゃ置き場を自分で整えさせるのが第一歩です。

具体的に言うなら、手始めに行ないたいのが、おもちゃの仕分けです。使わないおもちゃはこの際、友達にあげるか処分をします。そして、使うものは種類、大きさ、形などで系統立てて分類していきます。もちろんあまり厳密にする必要はありませんが（細かすぎてやる気がなくなっては困るので）、大きさや形で分類するというのは、無秩序なものに共通点を見出すことであり、じつは将来的に算数の勉強にもつながる大事なことなのです。

仕分けができたら、次は収納場所をつくります。女の子のおもちゃはこまごまとした物が多いので、つい全部一緒くたに箱に入れてしまいがちですが、面倒でも大まかな分類をしてそれぞれしまう場所を決めていきましょう。

こうすると物の定位置が決まります。「幼児は秩序を好む特性を持っている」とモンテッソーリ女史も言うとおり、事実、このように定位置を決めてやると子どもは安心し、自然とその場所に戻すようになるのです。

とはいえ、興味がほかに向くと、放りっぱなしにしてしまうのが子どもというもの。もし、おもちゃを出しっぱなしにしているところを見つけたら、その都度、片付けるよう促してください。この時も、きちんとしまえたかを見届けて、「元に戻せてえらかったね」と褒めてあげましょう。

「ちゃんとしまいなさい」と声だけかけて、あとは知らんぷりというのでは、そのうち「ママは見てないし、このままでいいか」と悪い習慣がついてしまいます。

小学生の場合も、分類して定位置を決めるという方法は変わりません。ただし、学校や習いごとで使う道具とおもちゃ類は混在させないこと。

また、一般の収納術でも語られるように、よく使うものとたまに使うものとでは置き場を変えるといった点も教えてやるといいでしょう。

基本技術がマスターできれば、物が増えた時にも自分で定位置を決めて整理ができるようになります。多少、散らかってもパパッと元通りにできるのは、やはり片付けの基礎技術があってこそなのです。

加えて、**きれいな部屋のイメージを持たせるのも効果的です。**整然と片付いた友達の部屋、モデルルームのかわいらしい子ども部屋など、「いいなぁ。素敵だなぁ」と思う部屋を目にすると、整理整頓のモチベーションがグンとアップ。「私もきれいにしよう！」とやる気になるはずです。

申し上げるまでもなく、**子どもにとって一番のお手本になるのはお母さんです。**すっきりと掃除の行き届いた家に暮らしていれば、子どもの美的意識もおのずと磨かれていくでしょう。

公衆トイレがきれいに使える子に育てる

電車内でお化粧する女性は、今や珍しくありませんが、その姿を見るにつけ、日本女性の奥ゆかしさはどこに行ってしまったのかと嘆きたくなります。

先日も電車に乗っていたら、化粧水に始まり、ファンデーションを塗って、眉毛を描き、まつげをカールさせ、アイシャドーに口紅、と一からお化粧をしている女性に遭遇しました。スッピンで電車に乗り込んできた時と同一人物とはとても思えません。本来は家や化粧室で行なうべき行為を、公衆の面前でできてしまう無神経さ。

「ああ、この女性はきっと親にきちんと教育されてこなかったんだろうな」

と哀れみすら感じました。

公共の場における行儀には「育ち」が如実に表れます。知っている人が見ていないからと空き缶やペットボトルを置き去りにしたり、ゴミを平気でポイ捨てしたり。

また、デパートや駅などの公衆トイレを汚して平気な人は少なくありません。トイレットペーパーはビリビリに破ったまま、手洗い場に水をはねちらかしても平気、髪の毛が落ちても知らんぷり……。後から使う人が不愉快になる、とどうして想像できないのでしょうか。

誰も見ていないから、自分の家ではないからと、公共の場をきれいに使うことができないとしたら、それは育てた親の責任なのです。

では、子どもに公共の場でのマナーやルールを教えるにはどうすればいいのでしょうか。これはもう、行動を共にしているお母さんがお手本を見せるしかありません。

公衆トイレを使った際、手洗い場に髪の毛が落ちたらティッシュに包んでゴミ箱に捨てる。周りを水で濡らしたらさっと拭《ふ》く。

お母さんのそんな姿を見ていれば、子どもは自然と真似をするようになります。公共の場をきれいに使うという意識が芽生えれば、良心の呵責《かしゃく》からゴミのポイ捨てはできなくなるはずです。

さらに、見直していただきたいのが、家の中の共用スペースの使い方です。共用スペースとはリビング、キッチン、浴室、トイレなど、家族みんなが使う場です。子ども部屋がプライベートな空間であるのに対して、共用スペースはパブリック、すなわち、家庭内での公共の場と言えるわけです。ここをきれいに使えるかどうかが、外でのマナーにも表れると私は考えています。

たとえば、将来友達とルームシェアする場合、共用スペースの使い方についてはお互いに気を使いますよね。ゴミを散らかさない、汚れたらきれいにするなど、暗黙のルールがあるわけです。

家族だって同じ。家庭という形態における共同生活者なのです。

ところが、家族の場合、親は子どもの面倒を見るものという意識から、どうしても子どもを甘やかしがちです。子どもがリビングにゴミを散らかしても、洗面台に髪の毛をまき散らしたままでも、「もう、本当にしょうがないわね！」とブツブツ言いながら、結局はお母さんが後始末をする。そのパターンを続けていると、将来、平気で公共の場を汚し、電車内でお化粧をするような、行儀の悪い女性に育ちかねません。

そこで、まずは子どもに家庭も共同生活の場であることを理解させた上で、共用スペースでのマナーを徹底させましょう。

そのマナーとは、具体的には次のようなことが挙げられます。これは拙著『男の子

は10歳になったら育て方を変えなさい！』（大和書房刊）にも書いたことなのですが、
こと共用スペースのマナーに関しては、男の子も女の子も同じです。

・リビングに勉強道具など個人の所有物は置きっぱなしにしない。
・ダイニングテーブルは常にきれいに保つ。
・食べ終えた後の食器は流し台に運ぶ。
・浴室や洗面室を使ったら、ボトル類は元に戻して髪の毛などを残さない。
・トイレを汚したら、その都度、きれいにする。

後から使う人が不愉快になるような状態にしないのは、人間の最低限の倫理です。

これらのルールを守れば、お互いに気持ちよく暮らせて、お母さんがブツブツと後始末をする必要もなし。やがては公衆トイレをきれいに使える女性に育ってくれるはずです。

一人で生きていくために料理を教える

しつけとは社会の中で恥ずかしくない立ち居振る舞いができるようにすることですが、もう一つ、別の意味があると私は考えています。

それは、一人で暮らしていけるようにすること。**親元から巣立った時に、生活に必要な最低限のことができるように幼いうちから教えるのもしつけの一環だと思うのです。**

先述の整理整頓はまさに一人暮らしに不可欠な習慣ですが、同時に教えていただきたいのが料理です。

近頃の女性を見ていると、インスタグラムなどに自慢の一品を披露《ひろう》するような料理好きがいる半面、まったくやらない・できないという人も少なくありません。特に若い女性ほど二極化が進んでいるように感じます。

実際、家庭をあずかる主婦であっても料理をしない女性はいるようで、子どもの遠足にコンビニ弁当を持たせたり、学校に出前を届けさせたり。包丁とまな板がない、という信じがたい家庭も出現しているのです。

外食産業が発達し、お惣菜やお弁当なども気軽に買える今の時代、たとえ料理ができなくても生活はしていけるでしょう。

それでも、「料理をすべし」と私が申し上げるのは、「食」が生きる力に直結しているからです。

たとえば、疲れがたまっているときに新鮮な野菜を買ってきて、さっとシンプルに調理をして食べる。瑞々しい野菜の味わいに元気が湧《わ》いて、疲れが癒《いや》されるということはきっとあるはずです。

気持ちが落ち込んでいる時、ストレスがたまっている時、体調がすぐれない時。その時の体や心の状態に合わせて料理を作り、自分で心身のコントロールをする。中国料理の医食同源の思想まで持ち出すつもりはありませんが、料理ができる女性は、社会の荒波に揉まれても、たくましく生きていけるのではないでしょうか。

外食やお惣菜、お弁当を買うことを全面否定するつもりはありません。レストランでの食事は気分がリフレッシュされますし、お惣菜やお弁当は時間がないときに確かに重宝します。

ただし、それだけに終始してしまうのは非常に危険なことだと思います。

もちろん、子どもに料理を教えるメリットはほかにもいろいろあります。感受性が豊かになるうえに、マルチタスクが身につけられます。煮物を作っている間に野菜を刻んで、魚を焼いてと、頭の中で段取りを組みますよね。効率化をはかった作業は、勉強はもちろんのこと、将来仕事をしていく上でも非常に役に立つものなのです。

さらにいえば、料理というのは手軽に達成感が得られます。下ごしらえや調理にかかる時間はものの1時間程度ながら、その先には必ずゴールがある。その一皿がおいしければ、小さいながらも成功体験として記憶されます。その積み重ねは自信につながり、チャレンジ精神や自立心の基礎となるのです。

このようにさまざまな効用がある料理ですから、お子さんにもどんどん手伝わせていただきたい。

小さな子なら、サヤエンドウの筋やトマトのヘタを取るような簡単な作業から始めるといいでしょう。ハンバーグを丸めたり、餃子を包んだりという手作業も楽しみなができるのでお手伝いには最適です。

子どもが手伝うと、かえって時間がかかったり、台所が汚れたりもしますが、そこはぐっと我慢。お子さんの将来のため、と忍耐力を発揮してください。

なれてきたら、包丁で切る、フライパンで炒めるといった作業もさせましょう。包丁は幼児の手に合う小さいサイズを本物で用意してあげるのがベターです。

「刃物や火を使うのは危ないから」と子どもにやらせない親御さんがいますが、それは本末転倒というもの。**危ない作業だからこそ、親の監視のもと、小さいうちから慣れさせるのです。**

お母さんの横で料理する楽しさを学んだ子どもは、将来、一人暮らしを始めた時にも、自分の食事を作ることを苦には思わないでしょう。

料理も大事なしつけの一つ。そう思ってチャレンジさせてください。

行儀が良い子とは、TPOに応じて立ち居振る舞いができる子

幼稚園や小学校の〝お受験〟熱がますます盛んになっている昨今、英才教育を謳った幼児教室が活況です。幼稚園受験の場合、対象となるのは2〜3歳の子どもたち。お受験に必要な知能を伸ばすというふれこみですが、驚かされるのはそういったお受験をする子どもたちの礼儀正しさです。

オムツが取れたばかりのような幼児が、教室の前に立つ先生の話をしっかりと座って聞いているのです。両足はきちんと揃えて手はお膝、背筋もピンと伸びています。おしゃべりやよそ見をする子は誰一人としていません。

教室に来た時、帰る時にも、お母さんに促されることなく自分から、「こんにちは」「さようなら」と先生方にごあいさつ。2〜3歳といえばギャングエイジと言われ、親ですら手を焼く年齢ですが、しつければここまでできるものなのです。

とはいえ、そんなお行儀のいい子どもたちも、教室を出ればどこにでもいる2歳児、3歳児です。駄々もこねれば、友達とおもちゃの取り合いだってする。

つまり、彼ら彼女らは、教室では行儀よく振る舞わなければいけないことをちゃんと心得ている、というわけなのです。

念のため申し上げておきますが、私は幼児教室をすすめているわけではありません。むしろ行き過ぎた早期教育には疑問を感じているぐらいです。

ここで注目していただきたいのは、幼児教室云々ではなく、子どもたちのＴＰＯに応じた立ち居振る舞いです。**お行儀良く育てるというのは、「一日中きちんとしていなさい」ということではなく、「時と場所をわきまえた振る舞いができる」という点が肝心なのです。**

小学生であれば、家にいる時はくつろいでいても、学校や塾では姿勢を正してしっかりと授業を受けられる。友達とふざけっこをしていても、習いごとの教室や電車内など公共の場では静かにしてきちんとした態度で振る舞える。

言葉遣いについても然《しか》りです。友達といる時にはくだけた口調でも、学校の先生など目上の人と話す時には「です・ます」をつけてきちんとした言葉で話す。小学校の高学年になったら、敬語もしっかり使えるようにする。

こうした使い分けができるようご家庭でしつけていただきたいと思います。

このようにわざわざページを割いたのは、場に応じた使い分けができていない子どもが多いからに他なりません。いや、子どもばかりでなく、大人にもそうした人が少なからず見受けられます。

何より、行儀良くできる子は賢そうに見えますし、実際に総じて頭が良い。不思議に思うかもしれませんが、私にすれば当然のこと。

時と場に応じて言動を変えるには、「観察力」と「判断力」が必要です。これらの能力が勉強において非常に重要な能力であることは、すでに繰り返し述べてきた通りです。

さらにいえば、状況で瞬時に態度を変えるその「瞬発力」は、頭の切り替えの早さにもつながります。勉強すると決めたら、そこからぐっと集中できる。あと5分、あと10分と引き延ばすことがないのです。

では、わが子を行儀良く振る舞える子にするにはどうしたらいいのでしょうか。

これはもう、お母さん自身がよい見本を見せて、その都度、教えていくしかありません。

特にご家庭で徹底していただきたいのは食事の時間です。ひじをつかない、脚を投げ出さない、姿勢を良くする、箸の持ち方など、気がついたらその都度、注意をしましょう。くつろぐ時間ときちんとする時間の切り替えになるうえ、外で食事をする時にもきちんと振る舞えるようになります。

あるいは、大人同士の付き合いの場に連れて行くのも一つの方法。きちんとした受け答えができた時には、もちろん、褒めてあげてください。

こうしたＴＰＯに応じた態度や言葉の使い分けは、**早い時期から教えたほうが身につきやすい**もの。最初にあげた幼児教室の２～３歳児がその好例と言えましょう。

娘をわがままにしないたったひとつの方法

ご承知の通り、日本では少子化が社会問題にまでなっています。政府によるさまざまな支援策により、緩《ゆる》やかに回復してきていると思っていたら、それでも2018年の出生率は1・42。実際に私の教え子たちを見ていても、一人っ子が多くなっています。

少子化により希薄になったのが、家庭におけるしつけです。

かつて子だくさんが当たり前だった時代には、きょうだいとの関係で自然にしつけが行なわれていました。

たとえば、お兄ちゃんやお姉ちゃんが勉強しているときはテレビの音を小さくして静かにしようとか、お菓子の数が足りなければ下の子に優先してあげよう（年功序列の場合もありますが）とか、**日々の生活の中で協調性や忍耐といった、生きていくた**

めに必要な多くのことを身につけることができたのです。

ところが、少子化になると、こうしたきょうだい関係によるしつけを求めることはできません。まして一人っ子なら、物も親の愛情もすべて一人占めできます。協調性や忍耐力がなくても生活は平穏に過ぎていくわけです。

最近の子どもたちに競争心が薄れているのも、競わなくても安穏と送れる生活にその理由の一端はあるようにさえ思えます。

一方、親からしてみても子どもの数が少なければ、手もお金もたっぷりかけられます。

この一極集中型の子育てが間違った方向に進むと、男の子は言われないと何もできない主体性のない子になり、女の子の場合、わがまま放題の女王様になってしまう、というわけです。

ならば、どうすればいいのでしょうか。

親が意識したいのは、子どもに強《し》いて「我慢」をさせる習慣です。これが、「わがままに育てない」ための唯一の秘訣なのです。

そこで質問です。

あなたの娘さんが、友達の履《は》いているかわいいキャラクターシューズを自分も欲しいと言ってきたとします。

「その靴はみんな持ってるし、『お揃いで履こうよ』って○○ちゃんが言うの。履いてないと仲間に入れてもらえなくなるから、どーーーーしても買って！」

これが子どもの言い分です。

さて、あなたは買ってあげますか？

「もちろん！　子どもが欲しいというのに、なぜ買ってあげないの？」

という親御さんもいるでしょうし、

「ちょっと高いけれど、みんなが履いているなら仕方ないか」

「仲間はずれにされたらかわいそう」

と、渋々であっても買い与えるご家庭も案外、多いのではないでしょうか。

もし、あなたがこれらに該当するとしたら、わがまま危険度はマックスのレベル5。こういうことを繰り返していると、世の中は自分の意のままに動くと勘違いした女王様女子に育ってしまいます。

また、祖父母が猫かわいがりしている家庭も要注意です。たとえ、お母さんが「ノー」と言っても、お父さん、あるいはおじいちゃんやおばあちゃんが買ってしまっては同じことなのです。

「冗談じゃない。うちは絶対に買い与えないわ」

と断言するご家庭でも、たとえば、スーパーのお菓子売り場で「買って、買って」とねだられたら、「100円ぐらいならいいか」と与えてしまうことはないでしょうか。

たとえ100円の駄菓子でも、「主張すれば手に入る」という構図は同じ。これを繰り返すうちに、わがまま度は高くなることは間違いありません。

「欲しいものが手に入る」ことが常態化した子どもは、まず物を大事にしなくなります。

「壊れたらまた買ってもらえばいい」ぐらいに思っているので、物を手荒に扱う傾向が強いのです。

子どもの喜ぶ顔を見たい気持ちはわかりますが、安易に物を買い与えるのは、結果として子どものためにはならないことを肝に銘じてほしいと思います。

さて、先のキャラクターシューズのことに話を戻せば、なにかしら条件をつけて買ってやるケースも多いでしょう。

「今度のテストで100点を取ったら」
「運動会の徒競走で1位になったら」
「お手伝いを毎日したら」

欲しい物を手に入れるために本人の努力を必要とするところでは、わがまま度は多少、低下するかもしれませんが、私はこのご褒美制度もよいこととは思っていません。

勉強にしろ、運動にしろ、行なう目的は本人の能力向上のためであって、ご褒美をもらうためではありません。極端な言い方をすれば、これではエサをもらうために芸をするアシカと同じで、ご褒美がないと努力できない子どもに育ってしまいます。

お手伝いについても、本来は家族の一員としてやって当たり前のこと。お手伝いは義務なのです。 ご褒美を期待してお手伝いするのは、本末転倒ではないでしょうか。

では、この場合、どう対処したらいいのでしょうか？

誕生日もしくはクリスマスのような、欲しい物を買ってあげると約束しているタイミングまで待たせるのが正解でしょう。

「それまでの間、子どもが仲間はずれにされたらかわいそう」という考え方は、それこそ、スクールカーストに支配されているようなもの。物を持っていないから仲間に入れないという友達関係が常態化してしまうと、本当に心を許し合える友達に出会う機会まで失われてしまうように思います。

子どもにとっても、待ちに待ってようやくもらえた贈り物は嬉しさもひとしおです。物を大切にする心も育つでしょう。

もし、お小遣いを与えているなら、その中から貯金をさせて買わせるのもよし。あるいは、買わない選択も大いに〝あり〟です。子どもの要望をすべてそのまま受け入れる必要はありません。飽きるのが目に見えているもの、不相応に高価な品など、「買うべきではない」と親が判断したものは諦めさせていいのです。

子どもはがっかりするでしょうが、その代わりに、**世の中には望んでも手に入らないものがあることを痛感するはずですし、わがまま放題の女王になることもありません。**

欲しい物を我慢させるのはかわいそうと思うかもしれませんが、子どもの未来のためです。断固たる態度で臨《のぞ》んでください。

大事な娘さんを愚かに育てないようにするためには、お金や物をむやみに与えないこと。これに尽きます。

「思いやり」は教えなければ身につかない

子どもをわがままにしないために、もう一つ、身につけさせたいのが他者の立場に立って物事を考えることができる力です。

自分の言葉や行為によって相手がどのような気持ちになるか。そしてそれが自分の身にふりかかった時にどう感じるのか。

ここまで想像できれば、わがままな振る舞いは当然、できなくなります。いじめをする子どもには、おそらくこの「自分に置き換える」までの想像力が欠如しているのでしょう。

たとえば、幼児期によくあるのは、おもちゃの取り合いです。自分は使っていないのに、「貸して」と言われると「ダメッ」「ヤダッ」の一点張り。しまいには相手の子が泣いてしまった、ということはよくあるものです。

我《が》を張るわが子に対して、お母さんのあなたは、

「〇〇ちゃんもこのおもちゃを使いたいって言っているよ。もし、自分が貸してもらえなかったらどんな気持ちになる？」

と声をかけていますか？

小学生であれば、ケンカをして言葉で友達を傷つけてしまった時に、

「もし、自分がそう言われたらどう感じる？」

と問いかけることも、ぜひ実践してほしい言葉がけです。

そもそも他者を思いやる能力というのは、生まれもって備わっているものではありません。ですから、体験を通じて、その都度、親が言ってわからせるのが非常に大切なことなのです。

ただし、それと同時に、お母さん自身も行動で示すこと。これがなくては、どんなに子どもに言い聞かせても心には響きません。

たとえば、徹夜続きのお父さんに、「遊びに連れていって」と子どもがせがんだら、

「パパはいつもお仕事を一生懸命頑張ってくれて大変なんだよ。ものすごく眠い時に勉強しなさいと言われたら、○○ちゃんだって嫌でしょ？　今日はゆっくり休ませてあげようね」

と言えればＯＫ。もし、ここで「いつも家にいないんだから、たまには遊んでやりなさいよ！」とご主人に対してがなり立てるようでは、子どもだってそれでいいんだと思うでしょう。

当然のことながら、子どもの前で、教師やほかのお母さんなどの悪口を言うのは禁物です。**女の子は母親の言動に対して非常に敏感です。**お母さんの口癖を真似たり、そっくりの口調でしゃべったりするのはその表れ。

お母さんがいつも聖人君子である必要はありませんが、自分の言動が子どもにどう聞こえているかを考えてから、口にしてほしいと思います。

この他者の立場に立って物事を考えることができる能力というのは、コミュニケーション能力の根幹をなすものであり、社会に出てからも求められます。

この能力があれば、職場の人間関係はもとより、取引先などとの関係も良好に保ちやすくなるのです。

ところが、最近はこの想像力を持たない若者が増え、職場のトラブルの元になっているると耳にしたことがあります。しかも、「このメールを受け取った相手はどう感じると思う?」と訊いても、なにがいけないのか、まるで理解できないとか。

そんな大人にしないためにも、家庭でしっかり教えてあげてほしいと思います。

第4章

成績がグングン伸びる！ 女の子の勉強

女の子はなぜ国語が得意なのか

女の子の勉強について特徴を挙げるとすると、まず言えるのは国語が得意な子が多いということでしょう。国語はそれほど熱心に勉強をしなくても、不思議とよい点数が取れる。あなたの娘さんもこれに該当するのではないでしょうか。

その理由は、日頃の生活の様子を見ていると、たやすく見つけ出すことができます。そう、**おしゃべり**です。

女の子は男の子に比べると口が達者というのは、おそらくみなさん実感していることでしょう。二、三歳の子どもが、一丁前にお母さんや友達と楽しそうにぺちゃくちゃ話をしている様子をよく目にしますから、まさに本能のようなものなのでしょう。

おしゃべりというのは、一見、何気なくしているようですが、相手の言葉を受けてそれに沿って言葉を選んだり、相手が興味を持っているかどうかを察して話題を変えたり、と高度な会話技術が駆使されています。**その技術を女の子は、日々、磨いている。だから、国語ができるのです。**

ですから、日頃のおしゃべりは大いに結構。お母さんはお子さんとの会話を増やして、国語力をさらに伸ばしてください。

ただし、娘さんの能力をさらに大きく開花させたいのであれば、心掛けていただきたいことがあります。それは**「文章で会話をする」**ということ。もう一つは、**「助詞や助動詞をきちんと使う」**ということ。この二点です。

たとえば、夕食のメニューを決めるとき、

「今日、なに食べたい?」

「ハンバーグ!」

「あとは?」

「ポテサラかな」

などと単語だけで会話をしていませんか?

確かに、日常会話は単語だけでも意志は通じます。「めし」「ふろ」「ねる」の三語オヤジはその例ではありますが、そこを意識的に助詞・助動詞を入れながら、長文トークに変換するのです。

先の会話であれば、お母さんの言い方はこのようになります。

「今日の夕食の献立が決まらなくて困っているのだけれど、なにか食べたい物はある?」

「ハンバーグは最近、作ってなかったからいいアイデアね。ちょうど挽《ひ》き肉を買ってあるから、買い物に行かなくて済むわ。野菜を使ったもう一品があると栄養バランスが取れていいのだけれど、なにがいいと思う?」

回りくどいかもしれませんが、お母さんが言葉を丁寧につないでおしゃべりをしていると、子どももおのずと感化されます。

「ハンバーグ!」ではなく、「学校の帰りにハンバーグを食べたいなと思っていたの。和風ハンバーグより、デミグラスソースがとろ〜っとかかった洋食屋さんみたいなハンバーグがいいなぁ」といった長文の返事が返ってくるようになれば成功です。

学校のことを聞く時にも、「新しく来たお友達は、どう?」ではなく、「新学期に転校してきたお友達は大阪から引っ越してきたと聞いたけれど、東京の生活は初めてだから慣れないことも多いわよね。一緒に遊んでいる?」

と文章で聞くようにしてください。

そして、娘さんが話し始めたら、多少話題が横道《よこみち》に逸《そ》れても遮《さえぎ》らずに、最後まで耳を傾けましょう。ここもポイントです。

自分の気持ちを話すときにも、「嬉しい」「楽しい」「悲しい」といった一単語で終わらせないように引き出してやれば、**子どもは知らず知らずのうちに文章の組み立て方を覚えるでしょう。**

自分の気持ちを上手に文章にできれば、作文を書く時にも役立ちます。

現代の子どもたちは、友達との会話はもとより、LINE やメールでも、単語で会話をすませがちです。ラクで簡単というのはわかるのですが、そればかりでは国語力は決して育ちません。

お母さんとの間では長い文章で会話をする。このルールが自然に実践されるようぜひ心掛けてください。

算数が苦手な女の子には

国語が女の子の得意科目なら、苦手科目の代表は、断然、算数でしょう。

足し算引き算に始まって、小学二年生で九九が登場。このあたりまではよしとしても、その後のかけ算や割り算あたりから苦手意識が芽生え始めて、複雑な計算式や図形問題が出るようになるともうお手上げ。そんな傾向があるようです。

算数が苦手になる理由は大きく二つあります。

一つは計算そのものが得意でない場合。数字が並んでいるだけで、「もう、イヤッ！」となってしまうのです。

二つ目の理由は、論理的思考ができないため。算数・数学はすべて論理に基づいて成り立っています。女の子は物事を感覚でとらえがちなため、論理性の強い算数・数学を苦手に感じてしまうのでしょう。

では、苦手意識を克服するにはどうしたらいいのでしょうか。

まず、数字嫌いの解消には暗算力を鍛えるのが一番の方法です。頭の中に数字を浮かべ、ソラで計算をする。この訓練をすると数字に対する拒絶感がなくなり、計算問題を落ち着いて解けるようになるのです。

暗算力を鍛える方法としては机に向かってするばかりでなく、日常の生活にもチャンスはたくさんあります。これを生かさない手はありません。

たとえば、スーパーに買い物に行ったなら、「じゃがいも198円とキャベツ150円で足すといくらになる?」と出題する。

「348円!」と子どもが答えたら、「じゃあ、500円玉を出すとおつりはいくらかな?」と今度は引き算をさせるといった具合です。

この時に「今日は特別にお菓子を100円まで買っていいよ」と言えば、お菓子売り場に行って、「チョコ30円にガム20円であと50円は何を買おう?」と足し算や引き算をしながらお菓子を選ぶでしょう。

あるいは、「今日は餃子20個を作ったけれど、3人で食べると1人何個食べられる?」という出題もできますし、ドライブに出掛けたなら、「前の車のナンバープレートの数字を1つずつ足していくといくつになる？」と問題を出せば、ゲーム感覚で計算が楽しめるはずです。

このように、日常の中で暗算をするクセがつけば、2桁のかけ算も暗算でできるようになります。

実は、この2桁以上のかけ算は解き方にもコツがあります。そこで16×17を暗算で解いてみましょう。

やり方はいろいろあるのですが、最も簡単なのは、かけるほうの数、ここでは17を10と7に分けてそれぞれ足す方法。16の10倍が160で、16の7倍が112。160と112を足せば272という答えが導き出せるというわけです。しかし、もしこの逆に、17の10倍の170に17の6倍の102と考えると、さらにたやすく272と暗算できます。

皆さん、ついて来られましたか？

実は私の提案する「サイコロ学習法」の生徒たちは、17×6＝102は、皆覚えて知っているのです。そうすると、たとえばこんなことも可能になります。

皆さん、12×14×17を暗算で出せるでしょうか。多くの人が、「ヒエー！　それはとても無理だ」と思われるかもしれませんが、実は、12×14×17＝6×2×14×17＝28×102ということになり、これは、2800＋56＝2856と暗算で計算できることになります。

これは12面体、20面体のサイコロを用いて、遊びながら学んでいく方法ですが、興味のある方は、拙著『暗算・算数に遊びながら強くなるびっくりサイコロ学習法』（主婦の友社刊）をご参照ください。

このような暗算を繰り返していると、応用力が高まり、難しい計算式を前にしても柔軟に素早く解いていくことができます。

しかも、計算式に限らず、人からなにか質問をされた時にも、機転をきかせて答えられるようになります。**暗算力は鍛えて損はなし、**なのです。

算数が苦手になるもう一つの原因、論理的思考はどのように育《はぐく》めばいいのでしょうか。

いささか難しい表現になりますが、そもそも論理的というのは伝えたい考え（主張）と結論が、十分な論拠のもとに正確に説明・実証できる状態を指します。すなわち、論拠を挙げて物事を考えられるのが論理的思考となります。

たとえば、道端にペットボトルをポイ捨てするのはいけない、ということを主張する場合、

「歩道にペットボトルがあると歩行者の邪魔になり、転倒の原因にもなる」

「ペットボトルが転がっていることで、美観を損《そこ》ねる」

「ペットボトルはリサイクルに出せば資源として活用できる」

といった論拠を伝えて、「だから、ペットボトルをポイ捨てしてはいけない」と結論づけるのが論理的思考です。

これに対して、「ペットボトルのポイ捨ては公共のマナー上よくない」と伝えるのは感情的思考。女性は往々にして、こちらの感情的思考に偏《かたよ》りがちなのです。

論理的思考を身につけさせるには、子どもが何かを主張したときに理由を問いかけるという方法があります。

たとえば、「セロリは嫌い」と子どもがお皿に残したなら、なぜ、嫌いなのかを聞いてみてください。「なんとなく」ではなく「苦くてまずいから」という理由が言えるようにしてやるのが、論理的思考につながっていきます。

「今日はこの洋服を着たくない」「あのお友達とは遊びたくない」など、子どもが主張したときには、**その都度、理由を聞いてやることで、子ども自身が自分の主張には理由（論拠）があることを知り、自分の中で「どうして嫌なんだろう？」と問うようになるのです。**

もちろん、親御さんがお子さんを叱る時でも、どうして叱るのかを論理的に伝えてあげてほしいと思います。

たとえば、「ダイニングテーブルに勉強道具をなぜ置きっぱなしにしてはいけないのか」は「料理が出来上がってもすぐに夕食を食べることができず、なおかつ不衛生であるから」。「寝る前に歯を磨く」理由は、「磨かないと虫歯になり、歯が痛くなるばかりか、治療のために歯医者さんに通うことになる」、または、「歯は一生使うものだから将来的にも虫歯のない健康な歯であるように」など。

こうした思考回路が定着していくと、算数・数学にもきっとよい影響があります。

そして、むやみに駄々をこねることも少なくなるはずです。

しっかりしている子は頭が良い

世の中のほとんどの親御さんは、「しつけと勉強は別」と切り離して考えていらっしゃるのではないでしょうか。

日々の生活の中で教えていくのがしつけなら、机に向かってするのが勉強。しつけはあくまでも、子どもが社会に出て恥ずかしい思いをしないためであり、勉強は知識をつけて賢くなるためにするもの（一流大学や一流企業に入るためと考えるご家庭もあるでしょうが）と、目的自体もまるで違うわけです。

しかし、第3章でも書いたように、部屋をきれいにできる子、言葉遣いや行儀がきちんとしている子は、まず勉強もできます。

逆もまた真なりで、頭の良い子は部屋も整然と整い、マナーもわきまえていることが多いものです。つまり、しつけと勉強には密接な相関関係があることは、これまで多くの子どもたちを教えてきた私が実感していることなのです。

そこで、しつけと勉強の共通点を考えてみると、どちらにも欠かせないものがあることに気づきました。それは**「自律心」**。自分で自分を律する心です。

靴は脱《ぬ》ぎっぱなしにしてしまえば確かにラクです。

食事の後片付けはそのままにしても、お母さんがやってくれるでしょう。

自分の部屋が汚くても誰が困るわけでもありません。

それでも脱いだら靴を揃えたり、食べた後の食器は流しに運んだり、部屋を片付けたりするのは、「しなければいけない」「よりよくありたい」と自分で自分を律する気持ちがあるからなのです。

勉強も然《しか》りです。文字の読み書きや足し算引き算などの計算ができなければ、さすがに生活に支障が出ますが、それ以上の勉強は身につけなくても生きることはできます。それでも勉強をするのは、もっと上を目指したいという気持ちからであり、そのために自分で自分を律することができるからだと思うのです。

つまり、きちんとしつけをされた女の子は、生活上のことでしっかりしようという気持ちを常に持ち、そのしっかりしようという気持ちが勉強にも働いて頭がよくなる。

そんな〝方程式〟が導き出せるのです。

「娘を頭の良い子にしたいのであれば、まずはしつけを厳しくするべし」

ここで申し上げたいことは、このひと言に尽きます。

「勉強さえちゃんとしてくれれば、靴は脱ぎっぱなしでいいわ」とか、「食器の片付けより勉強のほうを優先しなさい」といった育て方をしていると、勉強面でも怠惰《たいだ》になり、賢くなるどころか頭は悪くなるばかりなのです。

補足するなら、お子さんをきちんとしつけようという親御さんは、子どもの勉強に対しても毅然《きぜん》として対応できるということもあるかと思います。

夕食の前に宿題は終わらせると決めたら、毎日、きちんと守らせていますか？

「今日は国語の音読をしたくないから、読んでないけど〇をつけて」と子どもに懇願《こんがん》されて、「もう、しょうがないわね」と保護者の確認欄に〇をしたことはありませんか？

あまりにもがんじがらめではお子さんも息苦しくなってしまうでしょうが、決めたことや決められたことは、守らせるのがやはり基本。

「今日は特別よ」「次はちゃんとしてね」

とつい大目に見てしまう、**甘い親御さんのもとには賢い子どもは育たない。**

残念ですが、これは真実なのです。

女の子に向いている学習法
――コツコツ勉強で先行先取り

親御さんにとって気がかりのタネといえば、学期末にもらってくる通知表でしょう。どのご家庭でも、毎度、「上がった」「下がった」と一喜一憂していることと思います。

通知表を開いた瞬間、お母さんが固まってしまうような成績を平気で取ってくるのは男の子に多い傾向です。

小学校低学年の通知表は「よくできる・できる・もう少し」のような三段階評価が多くなっていますが、「もう少し」のオンパレードに、「どうやったらこの成績が取れるのか、逆に聞きたい」と嘆くお母さんもいました。

その点、女の子はおしなべて成績は良好。苦手な教科に「もう少し」がついたとしても、基本的に「できる」以上は堅実に取ってくる。

もちろん、「できる」ばかりではお母さんにしてみれば不満でしょうが、男の子のように凍りつくほどひどいことにはならないのです。

この理由を考えてみると、まず、女の子は男の子に比べるとまじめでしっかりしているということが挙げられるでしょう。通知表の評価は、テストの点数ばかりでなく、宿題や課題の提出、授業態度なども加味されます。女の子の場合、課題を出さなかったり、授業中にいたずらをして先生を困らせるようなことはまずしません。

むしろ、そんなことを平気でする男子を「ホント、バカね」と軽蔑の目で見ているようなところさえあります。先生に叱られるようなことはしたら恥ずかしいという体裁やプライドも、女の子には強く働くのだと思います。

このまじめさは勉強面にも表れていて、コツコツと努力できる子が女の子にはとても多い。**〝コツコツ力〟こそ、女の子の強みですから、ぜひ、この力を伸ばしてやってほしいと思います。**

たとえば、毎日、決めたページ数のドリルを解く、予習復習は欠かさない、宿題は必ずやる、通信講座は提出期限までに必ず出す、といった目標を決めて続けさせていく。こうしたことは、女の子は決して不得意ではないのです。

始めるのは、できるだけ早いうちをお薦めします。というのも、女の子にコツコツ型が多い理由には、習慣性も関連していると思われるからです。

男性より女性のほうが物事を習慣化しやすいという話は、第1章に書きました。この特性によって、勉強も習慣化できます。つまり、**小さいうちから毎日、机に向かう習慣が身についた子は、いくつになっても続けていくことができるというわけです。**

本書のテーマからは逸《そ》れますが、ここで男の子の勉強について触れておきましょう。

そもそも頭が良いというのは、知識の集積ばかりではありません。問題を解くためには敏捷《びんしょう》性や発想の転換といった幅広い要素が必要になるわけです。コツコツ勉強するよりも、パズルを集中して解くようなことで身につく知能もある。これを得意とするのが、男の子なのです。

さらにもう一つ、男の子の特徴と言えるのが後伸びをするということです。

小さい頃はいたずらばかりしていて、通知表も「あと少し」のオンパレードだった男の子が、中学、高校とメキメキ学力を伸ばして、一流と言われる大学に入ってしまう。そんなケースがよくあります。

特に、学校から帰るとランドセルを放り投げて、外に遊びに行ってしまうワンパクな子ほど、中学以降に伸びることが多いようです。

男の子は、小学校時代に外遊びを通じてどれだけ多くの体験やチャレンジをしたかによって、その先の伸びしろが決まるといっても過言ではないのです。

これに対して、女の子には〝逆転ホームラン〟を期待することはまずできません。決して皆無《かいむ》とは申しませんが、私の経験上、極めてレアなケースなのです。

すなわち、一流大学に行ける女の子は、小学校のうちからコツコツと勉強して、優秀な成績を収めていた子。**「先行先取り型」が女の子の特徴なのです。**

この点から考えても、小さいうちの勉強の習慣がいかに大切であるか、おわかりいただけるでしょう。

英語の前に正しい日本語の発声を学ばせよう

英語を会社の公用語にする日本企業が出てきている昨今、英語教育の重要性はますます高まってきています。就職においては「英語はできて当たり前」。それに加えて他のどのような外国語ができるのかを問う企業も多いと聞きます。

そんな風潮から、小学校の英語教育も見直しがされています。2020年度より、英語の授業は歌やゲームを通じて英語に触れる「外国語活動」として3、4年生を対象に年間35単位の必修化がされます。

それが実現すると、5、6年生の英語は正式教科となり、中学での学習内容を一部取り入れた内容となるのです。

いよいよ小学校でも本格的に英語教育が始まるというわけです。

そこで、まずは英語についての男女差を考えてみたいと思います。長年子どもたちと接してきた私の経験から言わせていただくと、一般的に聴覚的な聞き取りに優れているのは男の子より女の子のほうだと思います。つまり、英語の発音は女の子のほうが習得しやすいのです。英語の発音が耳から入ったときに、そのまま反復できるという特性があるからです。

では、いつから英語教育を始めればいいのでしょうか。もともと聞き取り能力に優れている女の子が幼児期から英語を始めれば、ネイティブに近い発音ができるようになる可能性は高いでしょう。

ただし、私は英語の早期教育については疑問を感じています。

理由は単純、**日本語がきちんと発音できることが先決だからです。日本語を学んだ上で英語を学ぶのが筋だと思うのです。**

最近の若い女の子たちの話し方を聞いて、どこかだらしない、はっきり言葉が伝わらない、と感じるのは私だけではないでしょう。

日本語の母音は、口の開き方と唇の形をコントロールして「あ」「い」「う」「え」「お」と明瞭にします。ところが、若い女の子はほとんど顎《あご》も唇も動かさずにしゃべる。腹話術をしているわけではないのですから、もっときっちりと発音をしてほしいと常々、思っているのです。

もちろん、それが英語の早期教育の弊害とは申しませんが、まずは日本語をきれいに発音する。先に日本語の一音一音音読をやってからにしていただきたい。それを習得してから英語を学んでも決して遅くはないと思います。

もっとも、いくら日本語が大事と言っても、英語にまったく触れさせないというのもまた時代遅れではあります。これからの時代、英語は必須。ですから、小さいうちは、英語を耳に馴染《なじ》ませておく。英語の絵本の読み聞かせでも、ＣＤを聴かせるのでもいいでしょう。

発音までさせなくても、耳に慣れさせておくだけで、英語を学び始めたときにはずいぶん違ってくると思います。

読書好きな子に育てるには

子どもの本離れは以前に増して進んでいるようです。二〇一〇年の「学研総合研究所」の調査によれば、一日のうちまったく本を読まない小学生は全体の約三〇％にも及んでいます。特に読まないのは高学年の子どもたち。塾通いで忙しく、本を読んでいる暇はないというのでしょうか。であれば、まさしく本末転倒です。本を読んでいる子どものほうが勉強はできる。これは私の経験からも断言することができます。

言い換えれば、**お子さんを賢くしたいのなら、勉強の時間を割いてでも本を読ませ**

ること。教育の相談にみえるご家庭に対して、私は常々、そうアドバイスをしています。

読書は知能向上に直結しています。

本に書かれた文章を読みこむことで、理解力が高まることがその理由の一つ。理解力は勉強の核となる重要な力です。

算数であれ、理科や社会であれ、教科書は日本語で書かれていますし、テストの出題も日本語によって行なわれます。日本語を読んで理解できなければ、当然、内容も理解することはできません。

また、本を読むと感受性が磨かれて、イメージをする力もつく、というメリットもあります。

最近、言葉から情景をイメージできない子どもが増えていると聞きますが、それはテレビやマンガ、テレビゲームによる悪《あ》しき影響と言えるでしょう。固定したイメージを与えられることに慣れてしまい、自分で想像をふくらませるという訓練ができていないのです。

イメージをする力がつけば、勉強に役立つばかりでなく、他人の気持ちを察することもできます。**つまり、思いやりのある子どもにもなるのです。**

「読書が大切だということはわかっています。でも、うちの子はいくら言ってもまったく本を読んでくれないんです」

そう嘆くお母さんもきっと多いことでしょう。

解決策としては、お子さんの手の届く場所に本を置くこと。本に囲まれて育っていれば、自然に本を読むようになるはずです。親子で図書館に行くのもいいでしょう。利点は読書環境が整っていること。大きめの公共図書館には、子どものためのコーナーを設けている場合もよくあります。

本を与えたら、読書が楽しくなるような工夫をお母さんがしてあげてください。「ほら、読みなさい」と渡して、自分はスマホをいじっているようでは、残念ながら読書の習慣をつけるのは難しいと言わざるを得ません。

私がお母さん方にアドバイスするのは、まず親御さん自身が本を読むこと。親が読書をする姿を見せていると、子どもも自然に感化されます。テレビを消して、本を開く時間を設けるのもいいでしょう。

お子さんと本の内容を共有するのも大変よいことです。

たとえば、お子さんが読んでいる本に対して、「それはどういう本なの？」と話をふって内容について話をさせる。たとえ内容を知っていても、忘れたふりをして聞いてみるといいでしょう。

「どういう時代の話？」「主人公はどんな子？」などと質問をしていくと、お子さんは嬉々《きき》として話してくれるはずです。

本の内容や感想を人に伝えると、ストーリーがより明確に頭に刻まれて、感動が蘇《よみがえ》ります。**人に感動を伝えようとすることで、論理的に話す力や説得する力もつきます。**

お母さんが同じ本を読み、お子さんと内容について話し合ってみることもお薦めします。「あそこで、主人公が泣いたのはどうしてだと思う？」などと質問して、お母さんも自分の考えを伝える。そうやってキャッチボールをすると、読書の楽しみも広がるはずです。

本の選び方は、本を読み慣れていないうちは童話、児童書など、読みやすいものでかまいませんが、**読書力がついてきたら世界文学全集に載るような名作にぜひ、触れさせてやってほしいと思います。**

『小公女』『小公子』『若草物語』『トム・ソーヤの冒険』など、子どもに読ませたい名作はたくさんあります。学年が上がれば『ジャン・クリストフ』やシェイクスピアの作品を読むこともできるはずです。

こういった作品は長い間、多くの人に感銘を与えたからこそ、名作と呼ばれているのです。お子さんの心に、必ずやなにかを訴えかけてくれます。

実際、私も子どもの頃、家にあった世界文学全集を片っ端から読んだ記憶がありま す。一つ読んだら次と読み進められるのが全集のよいところ。今はまだ読めない年齢であっても、家に用意しておけば、いつか興味を持った時に大いに効力を発揮することでしょう。

「名作を読むなら、漫画化されたものでもよいのでは?」というご意見もあるかと思いますが、それは違います。確かに漫画化されたものを読めばストーリーを知ることはできますが、そこには言葉によって表現された深い味わいがありません。どんなに巧みな漫画でも、そこまでは伝えきれません。だいいちそれでは、漫画作者の「解釈」を読むことになってしまいます。

もっとも今となっては漫画は我が国の代表的な文化の一つになっており、なかには誰もが目を通すべき素晴らしい作品もたくさんあります。そういうものに触れさせるのも良いことだと思いますが、ここは子どもに読書させる環境作りのはなしです。漫画と本が同時にあれば、子どもの多くは漫画に手を出してしまいます。それは漫画が自分からイメージしなくてもストーリーを追えるから、に他ならないと思います。でも私たちは、**子どもに言葉を基に自分のイメージを構築させる練習をさせたいのです。**

先ほども申し上げたように、大切なのは言葉からイメージをふくらませること。それが勉強に役立つゆえんであり、読書の醍醐味でもあることをお子さんにも伝えてあげてください。

第5章

女の子を伸ばす母親がやっていること

賢い母親は、小言がうまい

お腹の中にお子さんがいる時、そして、その子が女の子だとわかった時、きっとさまざまな夢を思い描いたことでしょう。

朝はゆっくりごはんを食べてから、髪の毛を結んであげて笑顔で送り出す。学校から帰ったら一緒にキッチンに立って夕食を作り、食卓を囲んで一日の出来事を語り合う。そして、休日にはケーキを焼いて、パパを交《まじ》えてティータイム……。

そんな日々が待っているかと思いきや、現実は理想通りにはいかないものです。

朝は「早く起きなさい！」の第一声に始まって、「さっさとごはんを食べて！」「顔は洗ったの？」「ハンカチとティッシュは持った？」「忘れ物はない？」「ほら、遅刻するわよ。早く行きなさい」と子どもが学校に行くまで、四六時中、口は開きっぱなし。

学校から帰ってきてからも、「靴を揃えなさい」「手を洗った?」「ランドセルは部屋に持っていって」「テレビより宿題が先でしょ」などなど、命令したり叱ったりばかりしているというお母さんは多いのではないでしょうか。

教育コンサルタントという仕事柄、私はお母さんの子育ての悩みを聞く機会が多いのですが、**その中でも多いのがお母さん自身の口うるささです。**もっと穏やかで優しいお母さんでいたいのに、どうしても子どもを前にするとガミガミと言わずにいられないというのです。

「こんなふうに叱ってばかりでは、子どもが萎縮してしまいますよね?」

そう聞いてくるお母さんもいらっしゃいます。

確かに、子どもを叱るには、どんな時にも感情的にならず、毅然《きぜん》とした態度で論理的に諭《さと》すのが理想です。

ダラダラとテレビばかり見ている姿を見た時でも、キーッとなって、「テレビばっかり見ていないで、さっさと宿題やりなさい!」と怒鳴りちらすのでなく、「宿題を先に終わらせた方が、あとでゆっくりできるんじゃない?」とおだやかに声をかけるのが模範的な処し方であり、実践している方もいらっしゃるでしょう。

しかし、一方で、母親というのは、概《がい》して子どもに対して口うるさくならずにはいられません。理想はわかっていても、口を閉じられないというのもこれもまた事実なのです。

では、そんなお母さん方に対して、私はどのようにアドバイスをしているのか。実は、この場合、お子さんが男の子なのか、女の子なのかで答えが違ってきます。

男の子のお母さんであれば、私は即刻、態度を改めるよう伝えます。というのも、男の子の場合、頭ごなしにガミガミと言われ続けていると萎縮してしまい、指示をされないと動けない意欲の薄い子になるか、親の意見は一切、聞き流すようになるかのどちらか。前者はいわゆる〝指示待ちくん〟となり、いつまでも自立できず、後者は人の話を聞けない子どもになる上に、手ひどい反抗期が待っています。

ならば、女の子ならどうなのか。

「口うるさいのは、大いに結構。ぜひ、しっかり厳しく育ててください」

女の子のお母さんに対しては、私はこう話すのを常としています。

なぜかというと、第1章でも書きましたが、女の子の場合、親がその都度、行動を指示しても、萎縮することも聞き流すこともなく、むしろ一つ一つの指示を自分のものにして、やがて主体的に実践していけるようになるからです。

「食事中は肘《ひじ》はつかない」

「いただきます、ごちそうさまでした、をちゃんと言う」

「脱いだものは洗濯カゴへ」

「食事が終わったら、食器は流しへ」

「明日学校へ持っていく物は前日に準備する」

「洗面台に髪の毛を落とさない」

目についたことは、どんどん口に出して言って聞かせてください。

「はい、はい」と渋々従っていたとしても、**繰り返すうちに習慣として身につけられるのが女の子の特性なのです。**そう、つまり、口やかましいお小言ママも、女の子であるならば「OK」なのです。

これを読んで、「ああ、よかった。大手を振ってガミガミ言えるわ」と胸を撫《な》で下ろした方も多いでしょうが、その口うるささは、あくまでも子どものためであることが条件です。

子どもの意見は聞かずになにごとも勝手に決めて、強制的に従わせる。自分はソファに寝そべりながら、「ゴミを出してきて」「新聞をとってきて」と子どもを小間使いのように使う……。

こういった、まるで暴君のような身勝手な厳しさは、男の子よりも女の子のお母さんによく見られる傾向です。言うまでもなく、決して子どものためにはなりません。それどころか、子どもをダメにしてしまう「愚母」の典型なのです。

そんな母親のもとに育つと、子どもは自分というものを見失い、まるで母親のために存在しているかのような錯覚にとらわれます。そして、母親の要求に応《こた》えられない自分を責め、自分自身を否定するようになるのです。

リストカットなどの自傷行為や、拒食症に代表される摂食障害は、こういった母親の呪縛に原因があるケースが実に多いと言われています。また、さらに悪いことに、身勝手な暴君母は、得てして自分がそうであることに気づいていません。

お小言ママは大歓迎ですが、そのお小言が子どもを支配してはいないか、時折、チェックしてみるといいでしょう。

賢い母親は、「あなたはどう思う？」と常に問いかける

母親のお小言は女の子によい習慣を身につけさせるのに役立つ、と前項で書きましたが、加えてぜひ実践していただきたい言葉がけがあります。

それは、「あなたはどうしたい？」「あなたはどう思う？」という問いかけです。

今日着ていく洋服、休日の過ごし方、夏休みの家族旅行、部屋の模様替えなど、**子どもが関わることすべてにおいて、子ども自身の考えや意見を尋ねる。**これを習慣にしていただきたいのです。

「なんだ、そんなのカンタン」と思うかもしれませんが、実際に意識してみると、これがなかなか面倒なものです。親が決めてしまえばすぐにすむところを、わざわざ子どもに聞かなければならないわけですから。

たとえば、幼稚園の時から習っている水泳の競泳会と小学校の運動会の日が、運悪

く重なってしまったとしましょう。

大抵の親御さんはよほど重要な大会でない限り、学校行事を優先しようと考えるはずです。そして、子どもには、「水泳大会は他にもあるから、今回は残念だけど諦めましょう。運動会の徒競走とダンス、ママもパパも楽しみにしているね」とだけ告《つ》げて終わらせてしまうのではないでしょうか。

しかし、それでは子どもは伸ばせません。

こんな時にこそ、「あなたはどう思う？」「あなたはどうしたい？」と問いかけていただきたい。そうすれば、娘さんなりに水泳大会と運動会の重要性を比較して、どちらに出るべきかをさまざまな条件のもとに一生懸命考えるはずです。そのように、**自分で考えるように仕向けるのが、問いかけの意義なのです。**

この時に親と違う意見が上がってくることはあるでしょう。もし、意見が食い違ったなら、「ダメなものはダメ」と親の意見を一方的に押し付けるのでなく、納得できるまで話し合う。「あなたはそう思うのね。でも、お母さんはこう思うわ」と、子どもの意見をまずは受け止めたうえで、どんどん反論してください。ポイントは論理的に反論すること。子どもに理解できる言葉を選んで、理路整然と意見を言いましょう。

なぜ、自分はそう考えるのかを、「なんとなく」でなく、きちんと説明するよう意識して話せばいいのです。

これを面倒がらずに日々家庭で実践していけば、きちんと自己主張できる子に育っていくはずです。

先の例で言えば、運動会でなく水泳大会に出たいと言うかもしれません。

であれば、その理由を訊いてください。

「前の年に最下位で悔しい思いをしたから、今年は絶対に勝ちたい。そのために、一年間、一生懸命練習をしてきた」などと子どもなりの理由を必死に話すでしょう。まずは、その思いを受け止めて、「でもね、お母さんはこう思うわ」と意見を言って、再度、「あなたはどう思う？」と切り返す。

そのように「自分の意見を相手に伝える」「相手の意見を聞いて、再び、考える」という繰り返しから、**判断力や決断力、さらには学習においても非常に重要となる論理的な思考や話し方が育まれていくものなのです。**

では、なぜ、そうした問いかけが必要なのでしょうか。わざわざ話すまでもありませんが、長い人生には自分で考えて結論を出さなければならない場面に幾度となく直面します。部活動の選択であれ、受験の志望校決定であれ、重要なのは「自分がどうしたいか」です。

ところが、昨今、自分で物事を考えられず、決められず、親や教師に判断を委《ゆだ》ねる子どもが増えています。進路など人生の岐路《きろ》になる重要なことはおろか、ファミリーレストランのメニューですら決められず、「ママの食べたいものでいい」と言っている子どもを見かけた時には、開いた口がふさがりませんでした。

「子どもに問いかけ、話し合う」

これを面倒くさがらずにできるのが、子どもを伸ばせる賢い母親の条件というわけです。

これに関連させてお話しすると、私が思う愚かな母親像に「おそろいママ」があります。おそろいと言っても、ファッションのことではありません。

周りの意見に流されて、自分の考えを持たない、周囲と同じであることに安心感を求める。ファッションであれば、多少、流行を追うことも必要でしょうが、子育てにおいても同じように優柔不断なのがおそろいママの特徴です。

たとえば、子どもの友達が体操教室に入ったと聞くと、「じゃあ、うちも」と通わせたり、「英会話は小さいうちに始めたほうがいい」と耳にするや、高い教材を買い込んだり。中学受験熱がヒートアップすれば、なぜ私学が良いのかを考えもせずに、周りがそうだからと受験させる……。

こういうおそろいママは、塾選びにも主体性がありません。A塾が合格率が高いと聞けばそこに決めて、B塾のほうが親切で丁寧と耳にすれば鞍替《くらが》えし……と、情報に翻弄《ほんろう》されてばかりいます。その都度、振り回される子どもにしたらいい迷惑です。

しかも、こういうタイプのお母さんは、塾に行かせれば頭が良くなると思い込んでいるから厄介《やっかい》です。どんなに素晴らしい塾に行っても、子ども自身が勉強しなければ成果は表れません。ダイエット器具を買っただけでやせた気分になるのと、ある意味、よく似ています。

教育ビジネスの側から申し上げるなら、おそろいママはまさしく〝いいカモ〟です。情報を鵜呑《うの》みにして、高いお金を払ってくれるわけですから。それこそ、ネギをしょって歩いているぐらいに不用意なわけです。

想像するに、こういう主体性のないお母さんは、子どもの頃から自分で考えて結論を出す経験が少なかったのでしょう。だから、周りと同じであることに安心し、一見セレブな暮らしに憧れる。

まずは自分の行動を顧《かえり》みてください。そして、将来、わが子を愚かなおそろいママにしないためにも、**「あなたはどうしたい？」「あなたはどう思う？」と常日頃から問いかける。**ぜひ、習慣にしてほしいと思います。

賢い母親は、家の手伝いをどんどんさせる

最近の子育て雑誌を開くと、「お手伝いをさせると頭が良くなる」という文言が頻《ひん》繁《ぱん》に踊っています。
「本当かしら？」と思っている方もいると思いますが、長年、数多くのご家庭と接してきた経験から申し上げても、これは紛《まぎ》れもない真実です。男女を問わず、**勉強ができる子ほどしっかりとお手伝いをしているものなのです。**
教育熱心なご家庭ともなれば、お手伝いをする暇があったら勉強時間に充《あ》てて欲し

いと考えがちです。洗濯物をたたむ暇があったら、その分、漢字の書き取りでも計算ドリルでもやってもらいたいと思ってしまうのです。

これは大きな間違いと言わざるを得ません。

なぜ、お手伝いと勉強という無関係そうな事柄が結びつくのか、不思議に感じる方も多いでしょう。

そもそも家事には効率よく物事をこなす能力や、物事を並行して行なう〝マルチタスク〟が要求されます。このことはお母さんならよくおわかりのことでしょう。**家事を手伝うことで、子どもにも作業の効率化やマルチタスクの能力が自然と身につくのです。**

洗濯物を手早くたたむにはどうしたらいいか、お風呂掃除はどこからどのように磨くと効率よく終わるのか。

料理であれば目玉焼きを焼きながらサラダを作るなど、並行作業が集積しています。

この経験の繰り返しが子どもの発想力を鍛え、勉強においても効率よく、かつ柔軟性を持ちながら学ぶ方法を模索できるようにさせるのです。

よく、兄弟姉妹がたくさんいる家庭の長女は頭がよいと言われますが、これはまさにお手伝いの効用でしょう。小さな頃から有無《うむ》を言わさずお手伝いをさせられて、弟や妹の世話までこなす。ビジネス誌で特集されているような「時間術」が自然と身についているために、長女は勉強ができるようになるのです。

とはいえ、少子化の今の時代、一人っ子のご家庭も多くなっています。また、家事をラクにする住宅設備や家電製品も増え、必要に迫られてさせるお手伝いは実はあまりありません。

第一、子どもに言いつけるより、お母さんがちゃちゃっとやってしまったほうが早くすみます。

だからといって、お手伝いをさせないのは、子どもを伸ばすチャンスを逃しているのも同じ。積極的にお手伝いをさせるのが賢い母というものです。

実は、女の子にお手伝いをさせるとき、気にかけていただきたいポイントがいくつかあります。

その一つは、まかせっぱなしにしないこと。男の子の場合、途中であれこれ口を出されるのを嫌がることが多いのですが、女の子は違います。お母さんのアドバイスを受けて、その通りにできることに喜びを感じます。

たとえば、食事のお膳立てであれば、「お茶碗は左でお椀は右ね。お箸は持つところを右にして置くと持ちやすいでしょ?」と教えてあげてください。洗濯物のたたみ方も最初にコツを教えてやれば、その方法に沿って早くたためるよう工夫していくでしょう。

この男女の違いは、料理のお手伝いにも如実《にょじつ》に表れます。

オリジナルのアイデアをもとに奇抜な創作料理を作りたがるのは男の子。

女の子はお母さんがよく作る料理を、お母さんと同じ味に作るのが目標になります。

ですから、お手伝いをしている時も「じゃあ、お願い!」ではなく、様子を見て、「ここはこうするといいのよ」と助言をしてあげてほしいのです。

さらにもう一つ、子どもを伸ばすお手伝いのさせ方としては、**なにかしらルーティンの仕事をまかせるのもポイントです。**お母さんの手助けをすることに加えて、必ずやらなければならない仕事を義務として与えるのです。

すると、その義務を果たすために責任感が芽生え、子どもなりに時間のやり繰りを考えるようになります。「今日は観たいテレビがあるから、先にやっておこう」と段取りを組んで行動する習慣が身につくわけです。

そして、何よりも肝心なのは、**お手伝いをしたら褒めてやること。**「ありがとう」「よくできたね」といった言葉はもちろん、「いつも手伝ってくれて助かるわ」という言葉もぜひかけてやってください。

子どもにとって、お母さんの役に立つというのは無上の喜びであり、励みにもなります。やる気が倍増して、もっとできることはないかと思うことでしょう。

もし、気になる点があっても、指摘するのは褒めた後。言い方もダメだしではなく、「こうするともっとよくなるよ」とアドバイスとして伝えるのがコツです。

たとえ小さな子どもであっても、お手伝いになることはいろいろあります。

今日にでもお手伝いをスタートさせましょう。

賢い母親は、小さなことでもすぐ褒める

「子どもは褒めて育てよ」とは、昨今の子育ての基本的な考え方になっていると思い

ます。家庭はもとより学校においても、子どもの長所を見いだしてまずは褒める。褒められれば自信がつき、その自信がやる気やチャレンジ精神につながるからです。

「でも、女の子は厳しく育てたほうがいいのでは？」と疑問に思う方もいるでしょう。もちろん、**お小言も必要ですが、それと同じぐらいに褒めてやる。これが女の子を伸ばすための秘訣なのです。**

「そうは言っても、毎日毎日、褒めることなんて見つからないわ」というご意見もあるでしょう。確かに、「褒める」というと、人よりも優れているところや、よくできた事柄と思いがちです。しかし、どんな小さなことでもいいのです。

たとえば、お花に水をやっている時、アリを踏まないようによけた時、自分から人に挨拶できた時……。

お母さんが「いいな」「うちの子ってかわいいな」と感じたことを言葉にして伝える。それが私の申し上げたい「褒める」ということなのです。

褒めるときに気をつけたいのは、第一にタイミングです。「その場、その瞬間」であることが大前提。ずいぶん後になって「あのとき、えらかったねぇ」と言われても、褒められた実感も嬉しさも半減してしまいます。

ある企業の女性リーダーは部下のよい点を感じたら、その場ですぐに、褒めるようにしている、と話していました。部下もまた、その瞬間に褒められることで嬉しさが倍増すると言うのです。

大人でもそうなのですから、日々、成長している子どもならなおさら、「その場、その瞬間」に褒めることが大切になるわけです。

言葉の選び方もポイントです。

「すごいねぇ」「えらいねぇ」「上手だねぇ」の繰り返しではマンネリ化して、子どもも嬉しく感じなくなります。まして、少し大人びてきた子どもには、バカにされているような気さえしてくるはずです。

では、どのような褒め方をすればいいのでしょう。

コツは、具体性を持たせること。どのポイントを褒めているのかを具体的に伝えることが重要なのです。さらに言うなら、その子の行動や言動を言葉にすること。

「お花に水をやってくれたのね」

「宿題を先にやっているんだ」

といったように、気づいたことをそのまま言葉にして伝えるだけで、**「見ていてくれる」「認められている」と感じ取り、自信につなげていけるのです。**

「うちの子は褒めるとこなんてないわ」

とため息をつくお母さんは、まずはわが子の姿をよく見てください。どんな子にも必ず「いいな」と感じることがあるはずですよ。

賢い母親は、習いごとを成長のためにうまく使う

小学校に入る前から習いごとを始める子どもは少なくありません。ベネッセ教育総合研究所の調査では、6歳児の習いごとをしている割合は約77％（2010年度）。5人中4人がなにかしらの習いごとをしていることになります。

では、その中身はというと、トップに君臨するのはスイミング。これに続くのが体操教室で、スポーツ系の人気が高いことがわかります。確かに、幼児期に運動をさせ

ると、体力がつくばかりか、脳の発達にもよい影響があるとの報告もありますから、大いに結構なことだと思います。

ただし、**女の子であれば、ピアノやバイオリンなど、音楽系の習いごとをぜひさせてほしいと思っています。**

これまでの著書の中でも何度も書いてきたことですが、私が音楽系の習いごとをおすすめするには三つの理由があります。

まず一つ目の理由は、音楽を学ぶことで感受性が豊かになります。女の子にとって、感受性が非常に大切であることは、これまでに繰り返し述べてきた通りです。その感受性に直結する要素が音楽には凝縮されているのです。

二つ目の理由として、楽譜を読むことによって、**数学的素養が身につくということ。**譜面には四分音符や八分音符といった記号によって、音階やリズムが記されています。これを頭で読み解きながら演奏するという行為は、知的なパズルをしているのと同じことになるのです。

三つ目は忍耐力が増して、礼儀が身につくこと。技術を向上させるには練習を繰り返すしかなく、その辛さに耐えることで忍耐力が養われます。さらに、音楽系の教室は礼儀についても厳しく指導するところが多い。始めと終わりの挨拶、先生の話を聞く時の姿勢などを通じて、行儀の良い子になるでしょう。

このように、女の子が必要とするあらゆる要素が詰まっているのが音楽系の習いごとなのです。

とはいえ、音楽系の習いごとは、いささかとっつきにくいところがあるかもしれません。親御さんが日頃から家でピアノを弾くようなご家庭ならば、「自分も」とすんなり入れるのでしょうが、そうでない場合、「今日からピアノのレッスンに通いますよ」と言われても子どもも戸惑うばかりでしょう。

では、興味を示さない子どもにピアノを習わせるにはどうしたらいいのでしょうか。「ピアノ教室に通うのは、お母さんが決めたこと。子どもであるあなたはお母さんの言うことを聞かなければいけないの」

もし、そうやって子どもをピアノ教室まで引っ張って行くとしたら、まさしく愚かな母親です。独裁者のごとく子どもを従わせても、決して本人の身にならず、辛くて嫌な思い出として生涯、心に刻まれるのがオチでしょう。

そこまで高圧的でなくても、「入会の手続きはもうしたから。お稽古は明日からよ」

と子どもの意見に一切耳を傾けず、勝手に事を進めてしまうのも、結果としては同じです。

では賢い母はどうするでしょう。

この場合、まずお母さん自身がピアノを習いに行きます。

そして、「初めてピアノを習うから緊張しちゃう。一緒に来てくれると心強いわ」と言って、レッスンに付き合ってもらうのです。

さらに、家でもピアノの練習をしましょう。ポイントは楽しそうに弾いてみせること。子どもが知っている簡単な童謡を、ヘタでもいいから弾くのもいいでしょう。

そうやってお母さんが楽しそうにピアノに向かっていれば、「私も弾いてみたーい！」と子どもは間違いなく言い出します。

そう、この時がチャンス。「じゃあ、ママと一緒に習う？　もっといろいろな曲が弾けるようになるよ」と誘えば、強制することなくピアノ教室に通わせることができるというわけです。

その後も「どっちがうまくなるか、競争ね」などと促《うなが》しながら母娘でピアノを習えば、子どものやる気はさらに倍増。ぐんぐん上達して、レッスンが楽しくなれば、お母さんがたとえやめても、子どもが「自分もやめる」と言い出すことはないはずです。ただし、せっかくお母さんもピアノを始めたのなら、私はお子さんと一緒に続けることをお薦めします。そうすれば、子どものピアノに対する悩みも理解でき、励まし応援する立場に立てるからです。

ここで絶対に避けたいのは、親までが指導者的になってしまうこと。これは最悪のパターンです。レッスンの間、教室に入り浸り、先生に注意された点を逐一《ちくいち》書き留めている親御さんがいます。そのメモをおさらいに使うのはまだいいとしても、「ここ、注意されたじゃない。何度、言われればわかるの！」と叱咤《しった》するのはいかがなものでしょう。

子どもにとって、教室で叱られ、家でも叱られ、と追い詰められて逃げ場がなくなります。そうなれば、ピアノは苦痛以外のなにものでもなく、よほど根性のある子でない限り、やめたいと言い出すのが関の山です。

言うまでもありませんが、指導者はあくまでもピアノ教室の先生であって、お母さんではありません。子どもを上達させたい気持ちはわかりますが、そうであればなおさら、親は励まし応援するスタンスに立つべきだと思います。

もちろん、ピアノに限らず、子どもと一緒になにかしら手に習いをつけるのは、お母さん自身の趣味になり、続けるほどに世界が広がります。

友達が遊びに来た時に一曲披露したり、発表会では子どもと同じ舞台に立って拍手を受ける。もしかしたら、オーケストラの一員となり、大きなホールで演奏する日だって来るかもしれません。

そうやって何かに打ち込んでいる時の女性は、キラキラと輝いています。

子育てに追われるばかりが人生ではないのです。

第6章

女の子を
グングン伸ばすには

女の子の優しさを育てるには

物事の受け止め方は人それぞれ異なることは、私が申し上げるまでもなく、みなさん大いに実感されていることでしょう。

たとえば、風邪をひいた友達に対して、体調の悪さを気づかって、

「つらいよね。大丈夫？　熱はあるの？」

と声をかけてあげられる人もいれば、

「やだ。頼むからウツさないで」

と冷たい言葉をかける人もいます。

こうした違いはなぜ生まれるのでしょうか。

それは、前段で記した感受性の差にあるように私は思います。

感受性が豊かな女性は想像力も豊かです。目の前にいる人が今、どんな気持ちでい

るのかに思いを巡らせて、寄り添ったり、励ましたりすることができます。

また、周りの人ばかりでなく、植物や動物などに対しても温かいまなざしを向けて愛情を注《そそ》げます。

つまり、優しい子に育ってほしいと思うのであれば、なにはさておき感受性を伸ばしてやることが大切なのです。

感受性の豊かな子は、友達の優しさにも敏感に反応できます。

誕生日に友達から手作りのマスコット人形をもらったなら、

「夜遅くまで起きて作ってくれたのかな？」

「私がピンク色を好きだから、このお人形もピンクの洋服を着ているんだね」

と、どのような思いを込めて作ってくれたのか、ということまで想像して感激することでしょう。そして、自分がされて嬉しかったことを今度は自分がしてあげようと思うのです。

もちろん、こういう場面でもお母さんの言葉がけが大切になります。

「かわいいお人形だね。心を込めて縫ってくれたのだから、宝物にしなくちゃね」

そんなひと言をかけてあげれば、感受性とともに優しい心もスクスク育っていくはずです。

女の子の自立心を育てるには

口では生意気なことを言いながら、大事なところはお母さんに頼る。そんなちゃっかりしたところがあるのが女の子ではないでしょうか。

夜《よ》更《ふ》かしを注意すれば、「もう子どもじゃないんだから放っておいて」と言いつつも、布団に入る前には、「明日は飼育当番で早く学校に行かなくちゃいけないんだった。ママ、起こして！」と頼んできたり、登校前に何度も確認したのに、「忘れ物をしたから持って来て。お願い！」と学校から電話をかけてきたり。

お母さんとしても放っておけずに、「しかたないわねぇ」と言いながらやってあげてしまうのでしょうが、小学生になったらそろそろお母さんを頼らずに生活や持ち物を自分で管理するようにしてもいいのではないでしょうか。

そうやって自分をマネジメントすることが、女の子の自立心を伸ばすことにつながると私は考えています。

そこで、お母さん方に提案です。

8歳になったらスケジュール帳を与えてみてはいかがでしょう。

「小学生でスケジュール帳なんて早いのでは?」

と首を傾げる方もいらっしゃると思いますが、決してそんなことはありません。現に、私の教室に通う小学生の女の子たちを見ていると、毎日、スケジュール帳を携帯して予定や持ち物をきっちりと書き込んでいます。その緻密《ちみつ》さはもはや大人顔負けです。

たとえば、私が授業時間の変更を告《つ》げると、彼女たちは手帳を取り出してすぐに書き込みます。片や、ずぼらな男の子たちは、ぼーっと聞き流して、メモすらしない子がほとんど。

提出物の期限については色ペンで目立つように書き込んでいますし、次回の授業の持ち物についてもメモ欄を上手に使って忘れないように工夫をしているのです。

もともと女の子は男の子よりも、時間や持ち物についてはしっかりしているところがあるのですが、手帳を駆使する彼女たちは仕事ができるキャリアガールさながら。そのために、授業に遅刻することはおろか、提出物の遅れも、持ち物を忘れることもまるでないから感心します。

正直、私自身、彼女たちの手帳を見せてもらったときには、

「子どもでもここまで習慣にできるのか」

と舌を巻いたのですが、よくよく考えてみれば、彼女たちにとって手帳はシール帳の延長のようなもの。イラスト入りのかわいいマンスリー手帳に、色ペン、マーカー、シール、ラメなどをフル動員して、かわいらしくカラフルにスケジュールを書いていくのが楽しくてしかたがないのです。

手帳に記《しる》すのは塾や習いごとのスケジュールだけでなく、友達や好きなアイドルの誕生日なども自由に書いてOK。こうすれば、モチベーションもアップするはず。

8歳の誕生日には手帳を贈るというのも、きっとその子にとっては何よりのプレゼントになるのではないでしょうか。

女の子の自信を育てるには

人間誰しもコンプレックスの一つや二つは持っているものです。

女の子であれば、鼻が低い、目が小さいなど、容姿に対する劣等感を抱える子は多いでしょうし、勉強が苦手、運動神経が鈍《にぶ》い、歌が下手、なかには自分の性格が好きじゃないという子もいるでしょう。

それでもめげずに生きていけるのは、コンプレックスを凌駕《りょうが》するような自信をどこかに持っているからです。**自信というのは生きる力に直接結びつく、エネルギーの源泉です。子どものうちは、過剰なぐらい自信を持っていていい。私はそう考えています。**

その自信の伸ばし方は、男の子であれば、「さまざまな体験をさせること。これに尽きます」といつも申し上げています。

たとえば、うんていを3つ抜かしで渡れた、ジャングルジムの一番上から飛び降りられた、カブトムシを捕まえられたなど、ちょっとした成功体験であっても自信がつくのが男の子。この時に、親や周りの人から、「がんばったね」「なかなかやるじゃないか」といった言葉で認めて褒めてもらえれば、自信の芽は一層、大きく成長するのです。

一方、女の子の場合はどうでしょう。

なにかに挑戦して達成できれば自信につながることに変わりはないのですが、それだけでは十分とは言えません。**女の子の自信につながる一番の要素は、自分という存在そのものを認めてもらうこと。「あなたがいてくれるだけで幸せ」と親や周りの人たちに思われることが、自信の芽を育むのです。**

たとえば、洗濯物をたたんだり、自分より小さな子にやさしくしたりといった「いいな」「よくできたな」と思う場面があれば、どんなにささいなことでもあっても、その場ですかさず褒めてやってください。

この時、「すごいね」「えらいね」のひと言ではなく、「洗濯物をたたんでくれたの。助かるわ」などと**その行為を具体的に言ってやること**がポイントです。

さらに、前段で書いたように、「かわいい」という言葉がけも必須です。お子さんの優しい言葉や行動、愛らしい仕草などに触れた時に、すぐにその場で「かわいい」と言ってあげましょう。この数が多ければ多いほど、自信は大きく伸びて枝葉を広げます。

ほめるにせよ、「かわいい」にせよ、言葉をかけるためには子どもをしっかり観察していなければなりません。そうやって親が自分を見ていてくれるという安心感、信頼感があるから、「愛されている」と実感して自信に結びつくのです。

こうして培《つちか》われていく自信をより強固にしてくれるのが、**「わかってくれる人」の存在**です。その人とは親、兄弟姉妹、祖父母以外の誰か。家族以外の誰かが自分を理解し、認め、受け入れてくれていると実感できるだけで、安心感が増し、自分の存在を肯定できるようになり、なにか失敗があっても踏ん張る力が湧いてくるものです。

その役を担《にな》ってくれるのが学校の教師であれば申し分ありませんが、期待できないのであれば、習いごとや塾の先生、近所のおじさんやおばさん、お母さんやお父さんの友達などでもいいのです。

あなたの子ども時代にもいなかったでしょうか。登校の途中で「おはよう。今日もいっぱい勉強していっぱい遊ぶんだよ」と毎朝、声をかけてくれるご近所のおじいちゃんとか、家に遊びに来るたびに、「大きくなって。もうすっかりお姉さんね」とニコニコ話すお母さんの友達とか。

そういう人に声をかけられると、たとえほめられたわけでなくても嬉しいような、ほっとするような、そんな気持ちになるものです。

その存在が身近であればあるほど子どもには心強いでしょう。親や学校の先生には言いにくいことも打ち明けられて、時になぐさめ、時に励まし、また時には的確なアドバイスをしてくれる〝大人の友達〟。こういう良き理解者と出会えた子どもは、世界がグンと広がり、非行に走ったりすることはまずないと思います。

習いごとや塾を選ぶ時には成果ばかりでなく、子ども好きでひとりひとりに目を配れるなど、講師の人柄や人望にも目を向けることが大切です。

子どもにとっての良き理解者はお母さんの良き理解者にもなり、悩み多き子育てにも自信を与えてくれると思います。

女の子のコミュニケーション力を育てるには

「女の子はおしゃべりだから、コミュニケーション力はバッチリ！」

と安心しているお母さんは多いのですが、残念ながらそれは大間違いです。

その会話を聞いていると、頭に浮かんだままダラダラとしゃべり続けているだけで、意味や内容がまったくない、なんてことがよくあるのです。

コミュニケーションとは「言葉のキャッチボール」とよく言われますが、私は「心と心のキャッチボール」だと思っています。**相手の気持ちが汲《く》み取れて、自分の気持ちも相手に伝えられる。**すなわち、キャッチボールによって心が通い合うことが重要なのであって、そのやりとりをするためのツールが言葉なのです。

そこで、本題のコミュニケーション力を磨くにはどうすればいいのかということですが、これには大きく二方向からのアプローチがあると思います。

一つは、言葉自体の精度を高めること。キャッチボールになぞらえるなら、グローブやボールなど良い道具を手に入れることとなるでしょうか。

言葉の精度を高める最良の方法が音読です。

小学生になると、国語の宿題に音読がありますよね。教科書に出てくる文章を決められた回数、声に出して読む。

「一体、これになんの意味があるのかしら」

と思いながら聞いているお母さんは多いでしょうが、実は、この音読、美しい日本語を話すための良い訓練になります。そして、その訓練が、コミュニケーション力を高めることにつながるのです。

たとえば、ラジオやテレビから流れてくる心地の良い語り口に、思わず聞き入ってしまったという経験はありませんか？　声のトーン、発音、抑揚《よくよう》の付け方など、感じの良い話し方には、それだけで人を惹きつける力があります。

言い換えれば、きれいな日本語を話せると、相手もしっかりと聞こうとしてくれる。伝えたいことをきちんと相手に届けるためにも、きれいな日本語を話せることはとても重要なのです。

ですから、宿題の音読は手を抜かずに、一語一語、心を込めて読むようアドバイスをしてください。無論、宿題だけと言わず、ご家庭にある本——できれば夏目漱石、芥川龍之介などの作品を声に出して読めばなおのことよし。長年、読み続けられている文芸作品は、語感が美しくてリズムがあり、きれいな日本語を身につけるのに最適なのです。

「この語り方は好きだわ」と思うアナウンサーや女優さんがいたら、そのナレーションを参考にさせるのもいいでしょう。

これに加えてもう一つ、身につけさせたいのが文章力です。

第4章で「国語の力を伸ばすには、助詞・助動詞を入れて長い文章で会話をしましょう」と書いたことを覚えていますか？

会話を長文化するこの訓練は、コミュニケーション力を伸ばすことにもつながります。自分の気持ちや出来事を端的に文章化できれば、相手も理解しやすく、心にも響きやすい。文章力はコミュニケーションの基礎なのです。

こうして言葉の精度を高める一方で、会話の中味を充実させることもコミュニケーション力を高めるのに欠かせません。どんなにきれいな日本語を話せても、内容が薄っぺらでは相手の心を動かすことはできないからです。

内容を充実させるための足がかりとなるのは、**物事をよく観察すること。**とはいえ、「ほら、よく見なさいよ」と言ったところで、子どもはなにをどう見ればいいのかわからないでしょう。

そこで、物を言うのがお母さんとのやりとりです。

たとえば、「今日、公園に犬がいて一緒に遊んだよ」と子どもが話したのなら、「大きい犬？　小さい犬？」「色は何色？」「まだ子犬だった？　それともおじいちゃん犬？」というように、遊んだ犬の姿形が具体的になるように引き出してやります。

そのときは、「あれ？　どうだったっけ？　うーん、わかんない！」と言ったとしても、次に同じようなことがあったときにはお母さんに報告したい一心で、犬の様子をじっくり観察して、飼い主に犬種や犬の名前まで聞いてくるかもしれません。「抱っこをしたら鼻をペロッて舐《な》められちゃった。犬の舌って大きいんだね」といったことも、自然に話せるようになるでしょう。

この時、「自分はどう感じたか」を聞いてやることも大切です。

「楽しかった」「嬉しかった」で完結するのでなく、どういうところが楽しかったのか、なぜ嬉しかったのかなど、その気持ちに至った理由まで明確に言葉にできるように導いてあげてください。この積み重ねがコミュニケーション力を培っていくのです。

ちなみに、**こうした心情の表現が上手な子は、大抵が読書好き。**文学に触れ、物語に出てくるさまざまな登場人物から心の有り様や物の見方は人それぞれであることを知り、その上で「自分だったら」と置き換えて、考えて言葉にできる。深い思索のもとに生まれた言葉には重みがあります。だからこそ、相手の心に響き、心を動かすこともできるのです。

第7章

女の子の弱点を
克服するには

おとなしすぎる女の子

「物は言いよう」との言葉もあるように、物事の見方は言葉の選び方一つで変わるもの。子どもの性格も然《しか》りです。長所と短所は表裏一体、言い方次第で短所は長所にもなるのです。

おとなしい性格はまさにその好例でしょう。「控えめ」「おしとやか」「もの静か」と言い換えれば、今や希少な奥ゆかしい大和撫子《やまとなでしこ》像が浮かんできます。

つまり、おとなしい性格の子であっても、むやみに危惧する必要はなし。逆に、その奥ゆかしさを長所として守っていただきたいぐらいですが、これが「おとなしすぎる」となるとやはり心配です。

おとなしすぎるがゆえに、クラスの中で自分の意見が言えなかったり、気の強い友達にいいように利用されたり。掃除当番や、グループでなにかを製作するときでも、一番大変なところを「はい、お願いね」と押し付けられて、文句を言えずに引き受ける。いわゆる「割《わり》を食う」のがおとなしすぎる女の子の定《さだ》めなのです。

もし、そのまま大人になってしまうと、職場でもきつい仕事ばかりを押し付けられ、他人のミスの責任を負わされることはあり得るでしょうし、学校のPTAのような場でも損な役回りを押し付けられるのは、やはりおとなしいお母さんと相場が決まっています。

それればかりか、強引なセールスを断れずに高価な羽毛布団を買わされたり、悪質な占い師に洗脳されたり。

そんな事態にならないようにするには、肝心なところで自己主張できる強さを持つこと。おとなしい性格は美点として残しながら、芯の強い女性に育てればいいのです。

具体的な方法としては、**特技を持たせること**をお勧めします。ピアノなどの楽器、スポーツ、料理、手芸など、どんなことでもいいのです。「自分にはこれがある」「これなら任せて」と自信を持って言える特技を身につけられれば、いつもは人の陰に隠れている子でも、その時間だけは前に出て、キラキラと輝きを放てるでしょう。

それによって生まれた自信は子どもの心を強くし、他の場においても肝心なところ

では自己主張ができるようになるのです。

「そんなうまい具合にいくのかしら？」

と疑う方に、私の知人の娘さんのエピソードをご紹介しましょう。

その娘さんは極度の引っ込み思案で、人前に立つのを大の苦手としていました。幼稚園のお遊戯会や運動会でも練習はちゃんとできるのに、いざ、本番となると、頑《がん》として参加しようとせず、最後には泣き出す始末。

小学生になってからも、学級会などの場で発言することはほとんどなく、担任の先生からも「おとなしすぎるので、もっと積極的になってほしい」と度々、言われたそうです。

そんなある日、テレビで女子バレーの世界大会を観たその子は、バレーボールに開眼。「自分もやりたい」と言うので、早速、近所のバレーボールクラブに入会させたところ、おとなしい彼女がまさしく水を得た魚のように溌剌《はつらつ》とコートを駆け回る姿を見せたのだそうです。

しかも、バレーボールを始めたのを機に人の前に立つのも嫌がらなくなり、小学校6年生ではクラス委員長に立候補。「人が入れ替わったみたい」とお母さんが驚くほど変貌したというのです。

そんな奇跡が起こるのが子育てのおもしろいところ。あなたのお子さんもきっと変われるはずですよ。

だらしない女の子

「だらしない」という言葉から考えられるのは、次の三つの状況です。

一つ目は、部屋の片付けができず、散らかり放題のだらしなさ。

二つ目は、平気で遅刻をする、期限を守らないなど時間に対するだらしなさ。

三つ目は、服装や髪型が乱れている、足を広げて座るなど見た目のだらしなさ。

私の経験から申し上げると、これらの三つは見事にリンクし合っています。女の子の場合、さすがに服装には気を使うようですが、部屋が汚い子は時間にもルーズで、外でも家にいるかのようなだらけた態度をしていることがしばしば。「面倒くさい」

とラクなほうに流れる癖がすべてに出てしまうのでしょう。

見過ごせないのは、**そのだらしなさが学習態度にも表れる点です。**「面倒くさいから勉強は適当でいいや」と放り出してしまうから、成績は下がる一方。**頭の良い子に育てたいと思うのであれば、生活面できちんとできる習慣を身につけることが先決なのです。**

そこで、質問をさせてください。

あなたの家は今、きれいに片付いているでしょうか？

保護者会の出欠など、親が学校に出すものを期限までに出していますか？

外出の予定がない日は、パジャマに近い恰好《かっこう》で一日中テレビを見たり、スマホをいじったりしてダラダラ過ごしていませんか？

「子は親の鏡」との言葉を持ち出すまでもなく、子どもは良い点も悪い点もすべて親をお手本とします。親がだらしなく生活していては、子どもがだらしなくなるのも当たり前なのです。

子どもの生活態度を憂《うれ》うのであれば、まずは自分自身が良いお手本になれるよう改めていく必要があるでしょう。

「あら、失礼ね。私はちゃんとしているわ」

とおっしゃるのであれば、お子さんがだらしない理由は一つ。

しつけが行き届いてないのです。

たとえば、リビングを子どもが散らかした時、「掃除機がかけられない」と文句を言いながら、結局、お母さんが後片付けをしてしまってはいないでしょうか。

このように口でガミガミ言いながらも親が尻拭《しりぬぐ》いをしていては、きちんとした生活習慣はいつまでたっても身につきません。

「親がお手本を示す」

「注意したことは徹底させる」

オーソドックスではありますが、だらしなさを改善するにはこの2点を徹底していくのが基本なのです。

その上で、子どもに良い習慣が身につくよう工夫をすることも大切です。

部屋の片付けであれば、整理整頓の仕方を子どもに教えた上で、1～2ヵ月に1度、お掃除デーを作ってみてはどうでしょうか。この日はお母さんも一緒になって使わないものを捨てて、普段は手が回らないところをきれいにする。

年末には家族総出で大掃除をするご家庭が多いかと思いますが、この掃除デーは大掃除の縮小版。イベント感覚で行なえば子どもも参加しようと思うでしょうし、「きれいな空間で過ごすと気持ちがいい」ということも体感できるのです。

時間のルーズさについては、前章でも書いたように子どもに手帳を持たせるのが一つの方法です。もしくは、予定表を部屋の目立つところに貼って、習いごとの日時、提出物の期限を子どもに書き込ませるのもいいでしょう。期限通りに出せた場合には、かわいいシールを貼ってほめてあげる。

ちょっとの工夫で子どもの時間に対する意識は変わるものです。

態度のだらしなさについては、その都度、言っていくしかありません。電車の中などで、良い例、悪い例を見つけて、自分がどのように見られているかを客観視させるのも効果的です。

だらしなさは習慣化すると直りにくいもの。早めに手を打つことが肝心です。

わがまま女王様の女の子

子どもに関する悩みは親御さんそれぞれにお持ちだと思いますが、思いの外《ほか》、危機感が薄いのが女の子のわがままではないでしょうか。

「うちの子は本当にわがままで手を焼いているんです」と話すお母さんでも、そのわがままをどうにかしたいとはあまり真剣に考えていない気がします。まして男親ともなれば、「わがままですらかわいい」というのですから困ったものです。

確かに、親子の関係においては、わがままを補《おぎな》って余りある愛おしさがあるから容認できてしまうのでしょう。そもそもわがままになったのは、親が甘やかして育てたことが原因です。子どもに甘い親が、今になって「わがまま許すまじ」と目をつり上げて立ち向かうとは到底思えません。

しかし、そのわがままぶりを友達に向けた時、果たして許されるでしょうか。

答えは「NO」ですよね。

「○○ちゃんはわがままだから、誘うのをやめよう」と仲間はずれにされるか、「怖いから付き合っているけれど、本当は好きじゃないんだよね」と陰口をたたかれるか。

社会に出れば風当たりは、一層、強くなります。まれに見る才能の持ち主か世紀の美女でない限り、わがままを受け入れてくれる世界など、どこにもないのです。

と、ここまで読んでも危機感をお感じにならないのであれば、「わがまま」を別の言葉に置き換えてみましょう。

「自己中心的」「自己顕示欲が強すぎる」「傲慢」「傍若無人」「空気読めない」「人の気持ちを考えない」

どうです？　そんな女性が自分の周りにいたら、「勘弁してよ」と言いたくなりませんか？　そこで、本題に入りましょう。**わがままを直すにはどうしたらいいのか。**

まず、行なうべきは、お子さんとの接し方の大改革です。

欲しいものをすべて買い与え、何でも言うことを聞いてやっている、砂糖より甘い態度は、一切、改めていただきたいと思います。娘にはデレデレのお父さん、〝孫バカ〟なおじいちゃんやおばあちゃんにも、協力をしてもらうことが欠かせません。

さらに、我慢、忍耐、優しさを学ばせる秘策が「お世話」。犬、猫、ハムスター、熱帯魚、インコ、ミニトマト、観葉植物……。命あるものをお子さんに育てさせてください。

動物であれ、植物であれ、わがままは通用しません。犬なら散歩とエサやりを毎日欠かせず、植物も水をやらなければ枯れてしまいます。面倒くさくても自分がしてやらなければ息絶《た》えてしまう。そんな存在に、我を通すことはできないのです。

しかも、生き物は愛情をかければかけるほど、楽しみや喜びを返してくれます。犬や猫なら飼い主のところに寄り添ってきたり、面白い動きで笑わせてくれたり。植物なら美しい花を咲かせたり、おいしい野菜を実らせたり。愛情を注げばそれに応えてくれる存在によって、人に対する優しさを学ぶのではないでしょうか。

また、小さな子のお世話をする機会があれば、わがままな子にとっては何よりの経験になるでしょう。幼児というのは理屈が通らず、思い通りにはならない存在の代表です。おままごとをすると言ったかと思えば、ブロックで遊び始めたり。雨が降っているのに、公園で遊びたいとぐずりだしたり。

弟や妹がいる場合、普段から下の子たちの自由奔放な行動に付き合っているため、お姉ちゃんはわがままに育ちにくいと言えるのですが、これと同じ経験をさせてやればいいのです。

「世界は自分中心に回っているのではない」かわいい娘だからこそ、きちんと教えてやるのが親の愛なのです。

忍耐力のない女の子

「最近の若い人たちは辛抱を知らない」とよく聞きますが、この点については私自身、常々、実感していることではあります。

勉強でもそれ以外のことでも、ちょっと辛いとすぐに音《ね》をあげて、途中で放り出してしまう。この傾向は男の子のほうが顕著ですが、女の子だから大丈夫と安心してばかりもいられません。なにをやっても三日坊主で終わったり、とにかく楽して生きたいというような様子が見られたら、忍耐力を鍛える必要があるでしょう。

では、そもそも、現代の子どもたちに忍耐力がないのはどうしてなのでしょう。日本の教育そのものの問題があるのでしょうが、最大の原因は、**子どもたちが与えられることが当たり前であると育ってしまったため。**核心はここにあります。

豊かな時代に育った子どもたちは、生活に不自由をすることはありません。欲しいものは、大抵、手に入れられるでしょうし、やりたいことがあればやらせてもらえます。巣立つ前のひな鳥のように、ただ口を開けてさえいれば、望むものが放り込まれる。そんな恵まれた環境で育っているから、口にエサが放り込まれない辛い状況になると、たちまち辛抱ができなくなるのです。

とすれば、むやみに物を買い与えないなど、意識的に我慢する状況をつくれば忍耐力は身につくことになります。確かにそれは正解であり、ぜひ、実践していただきたいのですが、**ここで今一度、考えたいのは、なぜ忍耐力が必要なのかということです。**

日々の食べ物にこと欠くような「おしん」の時代ならいざ知らず、今の時代、生活の苦しさを耐え忍ぶための力をつけましょうと言っても、誰もピンとはこないはずです。では、なんのための忍耐力なのかと言うと、**「自己実現」のため**と私は考えています。

自分が決めた目標を達成するためにコツコツと努力する力。あるいは、ギブアップしそうなところで踏ん張れる力。自己実現の過程において発揮されるのが、忍耐力なのではないでしょうか。

ですから、忍耐力は向上心とも密接に関わっていることになります。もっと上手《うま》くなりたい、もっと早く走りたいといった向上心が、辛い練習にも耐えうるような忍耐力を生み出すとも言えるわけです。

つまり、子どもに身につけさせるべきは向上心であり、その向上心を養うためには目標設定ができるような何かを習得するのが最善の方法です。

私がお薦めしたいのは、やはりピアノをはじめとする楽器です。ピアノを上手に弾きたいと思ったなら、指の運び方など基礎から始めなければなりません。繰り返し行なって身につけていく基礎訓練は、退屈で辛い期間です。もし、挫折しそうになったら、お母さんが励まし、時には厳しく叱りながら続けさせてください。我慢して練習を続けたことで、きれいな旋律《せんりつ》が奏《かな》でられるようになったら思い切りほめてやる。これが成功体験となって、さらなる向上心が生まれて、次のステップに進んでいけるでしょう。

もちろん、発表会で去年より上手に弾こう、コンクールで入賞したいといった目標を決めて、それに向けて練習を重ねる過程は、忍耐力強化のなによりのチャンスです。結果として目標が達成できれば大きな自信になり、次にまた辛い練習が待っていても耐えることができます。

家にたとえるなら、辛抱という柱に、向上心や達成感の梁《はり》を通すことで忍耐力という強固な建物が完成する。辛抱や我慢だけでは、どうしてももろくなってしまうのです。

このようにして培われた揺るぎない忍耐力は、受験勉強をするときも、また将来、仕事をしていくうえでも強力な武器になります。

もし、楽器にまるで興味を示さないなら、スポーツでもダンスでもいいのです。子どもが本気になって取り組める習いごとを一緒に探してみてください。

口先だけの女の子

口先だけの女の子というと、2つのタイプが考えられます。

一つは、お調子者のテキトー人間タイプ。

「宿題をやっちゃいなさい」と声をかけると、「はーい」と返事だけよくて寝る前に大慌て。「植木に水をやってね」と頼んでも「わかったー」と言いながらほったらかし。

調子良く返事はするものの、なかなか腰をあげないこのタイプは、明るく元気がいいところだけが取り柄《え》。クラスでの信頼は薄く、リーダー的な重要な役割を任せてもらえません。本人もそのほうが気楽だから、「ま、別にいいけど」といたってノー天気で、そんなところに親御さんもやきもきするのでしょう。

あなたのお子さんがこのタイプに該当するなら、何かをさせるときには必ず期限を決めて、最後まで見届けることが大切です。

たとえば、宿題なら夕飯の前までにと決めて、やり終えるまでは食事を出さない。水やりは朝起きたらすぐにすると約束させて、朝ごはんは水やりの後にする。といった具合に「いつまで」をはっきりさせることで、口先だけの生返事も少なくなると思います。

一方、女の子には、なんでも知ったかぶりをする口先だけのタイプも少なくありません。

友達同士が話をしていると、「それ知ってる！」と割り込んで知識をひけらかしたり、大人の会話に訳知り顔で口を挟《はさ》んできたり。

確かに、多少の知識はあるでしょうし、情報網も広いのかもしれません。しかし、その知識はいわゆる〝ウンチク〟であって、実体験を伴わないのがウィークポイント。そのため、最初こそ尊敬されるものの、毎度、毎度のウンチク披露に周りはうんざり。「また始まったよ」とシラケてしまって適当に聞き流されるようになり、大人には「生意気で嫌味な子」と疎《うと》まれてしまう。決して得な性格とは言えないのです。

こういう女の子は、「知識も教養のうち」と考える高学歴のご家庭に多いのですが、生半可《なまはんか》な知識を10個覚えるなら、実体験を伴う確固たる知識を1つ知っていたほうが魅力的ですし、将来も役立つのではないでしょうか。

たとえば、「ケーキってどうしてふくらむの？」と聞かれた時には、「卵を泡立てて生地に空気を封じ込めておくことで、焼いた時にその空気がふくらんでふわふわになる」と言葉で伝えるだけでなく、実際に作って試してみる。

ベートーヴェンについて調べたなら、実際にCDで聴いたり、コンサートホールに行って生の演奏を聴いてみる。

お子さんが興味を持ったことに対して、耳学問で終わらせず、「試してみよう」「見てみよう」「聴いてみよう」と促すことができる親の姿勢があれば、本当の意味で知識が教養となり、頭でっかちから脱却できるというわけです。

と結論が出たところで、一件落着としたいところですが、実はこうした知ったかぶりをする女の子については、また別の心配ごとがあります。

それは、**口先だけの女の子は得てして見栄っ張りで、その見栄がウソにつながる確率が非常に高いということです。**

大人の世界にも見栄っ張りマダムは結構、〝棲息《せいそく》〟しています。

「あのブランドのバッグは使い心地が最高よね」と言いながら、実際には1つも持っていなかったり、「食材はデパートでしか買わないの」と言いながら、スーパーの特売品を買い漁《あさ》っていたり。

こういうウソは信用を確実に奪い去ります。ウソをウソでなくすために、消費者金融でお金を借りてブランド品を買い、ローン地獄に陥るようなケースもあるでしょう。

なにより悲しいのは、ウソをつく癖があると、逆に周りを信用できなくなること。人を疑いながら生きるのは、どんなに哀れで悲しいか。

ですから、もし、お子さんにこのようなウソをつく癖が見られたら、今のうちに徹底的に直していただきたいと思います。

「ウソをついても何の得にもならないし、自分が苦しいだけ。ウソをごまかすために苦労するぐらいなら、最初からウソをつかないほうがラクだと思わない？」

叱り飛ばすのでなく、こんな風に諭《さと》してやれば、子どもは良心の呵責《かしゃく》から、「ウソはよくない」と理解できるのではないでしょうか。

先生とうまくいかなかったら

小学生のお子さんを持つお母さんたちにとって、毎春、話題の中心となるのが今年の担任は誰かということでしょう。

評判のいい人気教師に当たればラッキーと小躍りし、評判がよろしくない教師が担任になったら、がっくり肩をうなだれる。子どもの成長に深く関わる問題ですから、「アタリ」「ハズレ」に一喜一憂するのもまあある意味、しかたのない話でしょう。

子ども自身にも、先生の好き嫌いはあるものです。

特に、女の子の場合、反抗期の年齢にさしかかると、「あの先生はいいけれど、この先生は苦手」とあからさまに口にするようになります。

教師も人間ですから、好いてくれる子にはやさしくなるでしょう。

では、もし、あなたのお子さんが、「先生は同じことをしても、○○ちゃんには怒らないんだよ」などと教師に対する不信感を漏《も》らしたとします。さて、あなたは何と答えますか。

「それはひどい。明らかにえこひいきだ」と学校に怒鳴り込めば、たちまちモンスターペアレントの仲間入りです。たとえ教師の行動が理不尽であっても、そもそも理不尽な行動を取るような教師がそれを認めるとは到底、思えません。

仮にその場で教師が反省の姿勢を見せたとしても、「反抗的な子どもとそれを助長する親」としてインプットされて、わが子との関係がよくない方向に向かう可能性は大。尾を引けば、通知表の評価にも影響が出ることも考えられるのです。

だからといって、「そんなこと言うもんじゃないわよ。先生の言うことにはつべこべ言わずに従いなさい」と一蹴《いっしゅう》してしまうのも感心しません。

確かに大人の世界では、理不尽なことであっても、「長いものには巻かれろ」という状況は多々あるでしょう。しかし、その大人世界の方便は親が子どもに教えるべきことではないと思います。そんな経験を積み重ねると、自分がよくないと思っても、結局は権力のある者が勝つ、という刷り込みが子どもにされてしまい、無力感から、自分で考えたり、主張したりすることを放棄してしまうでしょう。

もしくは、しっかりしたお子さんであれば、「お母さんは私の気持ちを全くわかってくれない」と親に対しても不信感を抱き、学校のことは一切話さなくなるばかりか、親子の信頼関係にも溝ができるかもしれないのです。

では、どうすればいいのでしょうか。

まず、お子さんに教えてほしいのは、子どもが否定しているのはその教師の一部であって、それにより先生のすべてを否定するのは間違いである、ということです。

「確かに先生にはそういうところもあるかもしれないけれど、算数の教え方はとても上手だし、子どもの面倒もよく見てくださる。相性はあるけれど、先生のいいところにも目を向けたほうがいいと思うわよ」

そんなふうに伝えてみてはどうでしょうか。

さらに、教育コンサルタントとしての立場から申し上げるなら、批判すべきところは批判しても、担任との関係を保ちつつ、通知表等に影響を与えないという方法もお薦めしたいと思います。

ちょっとややこしい言い方になりますが、子どもにはこう伝えればいいのです。

「先生にもなにかお考えがあるのかもしれないから、とりあえず、おっしゃる通りにしてみたら？　でも、確かにお母さんも先生の行動は少しおかしいと思うわ」

こうした建て前と本音の使い分けは、女の子だからできること。男の子には到底無理な芸当です。要領が良いということは、頭のいい女の子の身の処し方であり、身につけておいて損はありません。

この女性ならではの要領の良さが発揮されているのが、学校のＰＴＡです。うなずいてくださる方は多いと思いますが、このＰＴＡという団体は理不尽なことだらけです。同じ会員という立場でありながらも、役職につき大きな負担を背負う人もいれば、年に一度、ちょっとした係をするだけで終えてしまう人もいる。

学校との関係においてもさまざまな要望をされる割には、ＰＴＡからの意見はなかなか通らない（校長や副校長にもよるようですが）。それでも団体として成立しているのは、活動しているほとんどが本音と建て前を使い分けられる女性、つまりお母さんばかりだからなのです。もし、ＰＴＡが父親主体の団体であったら、とっくに崩壊していることでしょう。

要領が良いということは決して悪いことではなく、現代社会を生きるための一つの知恵だと私は思うのですが、いかがでしょうか。

友達付き合いに悩んだら

中学生や高校生になってもくだらないことで盛り上がれる男の子同士の付き合いに対して、女の子同士の関係はとてもナイーブです。ちょっとした行き違いから昨日まで一緒に遊んでいた子と仲違《なかたが》いをすることもありますし、言葉の刃《やいば》で友達に傷つけられたり、自分が知らぬうちに傷つけていたり。

女の子の場合、小学校低学年で精神年齢は大人並みになると言われていますが、クラスの女子の関係も、嫉妬あり妬《ねた》みあり、とまるで大人社会の縮図になっているようです。

クラス内での女子グループの形成は、その象徴と言えるでしょう。クラスメイトでありながら、政党内の派閥のごとく、小集団に分かれて対立し合う。かつては中高生に多かったこの女子の派閥化が今では低年齢化して、小学校低学年や幼稚園でも起きているのです。

問題点は、誰と仲良くするかで必然的にそのグループに組み込まれてしまうこと。登下校や教室の移動、放課後の遊びもグループ内の友達と行動を共にするのが〝掟《おきて》〟となってしまうのです。

男にはまったく理解不能な女子の行動に、休み時間に誘い合ってトイレに行く〝トイレ同伴〟がありますが、これもやはりグループ意識の表れです。「トイレぐらい一人で行かせて」と思ったとしても、許されない空気があるそうですし、仮に一人で行ったら、「どのグループにも誘われない、友達のいない寂しい子」と陰口を叩《たた》かれそうで断れない、と言うのです。

そんながんじがらめの関係のため、他のグループの子とちょっとでも遊ぼうものなら、たちまち裏切り者扱いです。口をきいてもらえなくなるなど村八分にあい、グループから省《はぶ》かれてしまう。それがわかっているから、グループの子と遊ぶしかありません。まるで手枷足枷《てかせあしかせ》のような息苦しさの中で女子たちは学校生活を送っているのです。

無論、すべてのお子さんにこれが当てはまるとは申しません。女子全員が仲良しというクラスもあるでしょうし、友達との関係に悩むことなく、無邪気に遊んでいる子も多いと思います。

しかし、一方では、こうした女の子同士の友達関係は、お母さんの子ども時代とくらべても非常に複雑化していることも認識しておいていただきたいと思います。この現実がわかっていれば、お子さんが悩んでいる時にも気づいてやることができるのではないでしょうか。

「最近、クラスの友達とは楽しく遊んでる？」

子どもの様子がおかしいなと感じたら、そんな言葉をかけてみてください。

「それがね……」と悩みを打ち明け始めたなら、**相づちを打つだけで、聞き役に徹する。**ここがポイントです。

悩みを人に話すだけで心は軽くなりますし、「お母さんが見守っていてくれる」「本当に困ったら助けてくれる」と思うだけで子どもは安心し、気持ちを強く持てるものなのです。

もちろん、お子さんが意見を求めてきたら、お母さんの考えを伝えてかまいません。

ただし、「そんな子たちと付き合うのはやめなさい！」と命令するのは禁物です。友達とお母さんとの板挟《いたばさ》みにあって、ますます子どもを苦しめてしまうことになりかねません。

「お母さんはこう思うわ」

「お母さんならこうするかな」

そんな風にアドバイスをしてあげるだけで十分です。

もちろん、かわいいわが子が悩んでいたら、心配で心配で放っておけないという気持ちはあるでしょう。なんとかしてあげたいと思うのが親心です。

しかし、よく考えてみてください。今のクラスはこの先もずっと続くわけではないのです。途中でクラス替えがあるでしょうし、中学校、高校、大学と進学する中で環境は大きく変わっていきます。その中でお互いに信頼しあえる、真の友人を得られればいいのです。

それでも心配というのであれば、お母さんご自身の学生時代を振り返ってみてください。中学時代に親友と呼べる友達に出会えたなとか、高校時代の友達とは気が合って今でも頻繁《ひんぱん》に会っているわ、という方は多いのではないでしょうか。

いじめとなれば話は別ですが、そうではない限り、**親は助け舟を出せる態勢で見守っていく。**子どもは自分なりに考え、悩みを糧《かて》にして、処世術を学んでいくものなのです。

わが子がいじめられたら

もしわが子がいじめられていたら、親はどう対処すべきでしょうか。

まず、いじめには担任を交えるにせよ、保護者同士で解決できるレベルのものと、クラスや学年全体として対応しなければならないレベルのものとがあります。いずれの場合も、徹底した話し合いは不可欠。当事者の親と担任もしくは校長が解決の糸口をきちんと見つけなければ、決していじめはなくなることはないのです。

この時、念頭に起きたいのは、ともかく、いじめる側に非があるということ。**たとえどんな理由があっても、いじめる側が１００％悪いのです。**

ところが、軽度のいじめの場合、「気にしないで。そんないじわるをする子は相手にしなければいいのよ」と受け流してしまう親御さんがいます。

これは親の態度としては感心できるものではありません。

見過ごしていては、いじめはエスカレートするばかり。親にしてみたらささいなことでも、担任や相手の保護者と話し合いをして、きちんと解決をしなければなりません。

さらに、体育会系の根性論を振りかざす親御さんによく見られるのは、「あなたもいじめられないよう強くなりなさい」と激励するつもりで、逆に叱ってしまうケース。

これはいじめられた傷に塩を塗り込むようなものです。

「いじめられる自分が悪い」と自分の存在を否定するようになり、親に対する信用も木っ端《こば》みじんに崩壊。親子関係に大きな溝を残しかねないのです。

もちろん、親御さんにしてみたら、「もっと強い気持ちを持っていれば、いじめに遭《あ》わないはず」というジレンマがあるのでしょう。その気持ちはわからないではありません。

スクールカーストを取り上げた書物を読むと、カーストの下位に位置づけられるのは、家庭の経済力や容姿の他に、「判断力のない子」「ウジウジしている子」「自己主張しない子」といった特徴があるそうです。

もちろん、理不尽ないじめは根絶することが第一ではありますが、判断力や積極性、自己主張といったことを身につけさせてやれば、自分に自信を持つことができ、いじめの対象になる確率も低くなるとも言えます。

「強くなれ」と子どもにただ言い聞かせるのでなく、強くなるよう導いてやること。

それこそが、親が子どもを守るための最良の手段なのです。

第8章

わが子の幸福を願うあなたへ

子どもを好きになれない親はいても、親を愛せない子どもはいない

女の子の好きな遊びにおままごとがあります。最近は本格的でスタイリッシュなおままごと道具が増えているようですが、遊び方はいつの時代も同じ。おもちゃの包丁やまな板で野菜やお肉らしき紙を刻み、おもちゃの鍋に入れてグツグツ、コトコト。小さなお玉で掬《すく》ったら、人数分を盛りつけて「ごはんできたわよー」。お母さん役の女の子はすっかりお母さんになりきって、「ほら、冷めちゃうから食べて」「もう、こぼしたらダメでしょ」などと話しかけている姿は実に愛らしいものです。

ままごとにはその家庭が反映されます。「早くしなさい」と急《せ》かしてばかりいるお母さんの子どもは、ままごとをしていても「早くしなさい！」と家族役の友達を急かしていたり。「もう、本当、やんなっちゃうわ」「どうしてそうなの？」と自分の口調そっくりにまねされて、ドキッとしたことがある方も多いでしょう。

このようにおままごとでお母さんのものまねをすることから、子どもは勉強に最も必要な能力である観察力を磨くということはすでに他の本でも書いた通りですが、私が女の子のおままごとをする姿を見るにつけ思うのは、「やはり女の子はお母さんが大好きなんだなぁ」ということです。

先ほどの口癖ではありませんが、**女の子はお母さんの良いところも悪いところもまねをします。それは、何よりもお母さんが大好きだから。**男の子にとってお父さんが乗り越えるべき目標であるなら、女の子にとってお母さんは女性としての理想像なのです。

「大好きなママがすることは私もやってみたい」という思いで、いつもお母さんの行動を見ているのです。

ですから、お母さんは子どもにとって良いお手本であるよう心がけていただきたいと思います。行儀や礼儀作法はもちろん、なにかを楽しんでいる姿をできるだけ多く見せることもまたとても大切です。

たとえば、料理を楽しそうにつくっているお母さんを見れば、子どもも料理が好きになるでしょうし、愛情をかけて植物を育てていれば、子どもも自然に植物のお世話をしたくなる。趣味のレース編みに没頭していれば、自分も編み物をしたいと言いだすでしょう。

楽しそうに、一生懸命、なにかに取り組んでいるお母さんの姿は、子どもにとってよい刺激になります。それればかりでなく、**お母さんの笑顔が自分にも伝わって、嬉しくて幸せな気持ちになれるものなのです。**

それだけに気になるのは、「子どもがかわいく思えない」「子どもについきつくあたってしまう」というお母さんが増えていること。その根をたどると、「自分も親に愛された経験がない」「いつも勉強のことを厳しく言われて辛かった思い出しかない」などお母さん自身の子ども時代の体験に原因があることがほとんどのようです。

専門的なカウンセリングを受けてその根を断ち切ることが第一ですが、そんなお母さんであっても、子どもはお母さんのことが大好きなことに変わりはありません。

「子どもを愛せない親はいても、親を愛せない子どもはいない」とよく言われますが、まさしくその通りなのです。

小6の子どもに、「ママ、充実して生きてる?」と聞かれて、「ハイ」と答えたら、「それでいいじゃん」と言われて、疲れた気分をいやされた、というお母さんもいます。

ともあれお母さんがしあわせなら子どももしあわせでいられる。このことをいつも頭の片隅に置いて笑顔を心がけましょう。

「勉強しなさい」と目くじらを立てるよりも、子どもの成長にははるかによい影響があると思います。

娘の幸福とは何か？ 子育てのゴールは何か？

人間はなんのために生きているのか。

思春期の頃、あるいは大きな悩み事を抱えた時に、そんな疑問を抱いたことはないでしょうか。

哲学においてはさまざまな回答が用意されていますが、私は次の二つを生きる目的と考えています。

一つは「正しく（美しく）成長し続けること」。

もう一つは「世代交代」をすることです。

現在、我が国の女性の平均寿命は八十七歳に及んでいます（二〇一七年）。健康に恵まれた方は百歳近くまで活動的に生きることが可能です。

その天寿をまっとうするまでの長い人生の間、常に進化をし続けること、昨日より今日、今日より明日と向上していくのが、生きることの目的であり、人間にとっての幸福なのではないでしょうか。

そのためには、元気でいることはもちろん、好奇心を持ち続け、感受性豊かに暮らすことがなにより大切になるのです。

ただし、好奇心や感受性は大人になってから伸ばそうとしても伸びるものではありません。後からではどうにもならないものだからこそ、**子どもの時にしっかり伸ばしてやる必要がある**と私は考えています。

ところが、近年、女性の社会進出は飛躍的に進み、男性の独擅場だった場においても多くの女性がその能力を発揮しています。

男性よりも女性のほうが優秀で確実に仕事をこなす。このことは、今や企業でも当たり前に語られていることなのです。

そんな時代の流れを受けて、女の子の母親たちは自分たちの頃には夢のまた夢であった「社会的地位と報酬」を娘に手に入れさせようとします。「女の子はお嫁に行くんだから勉強なんてしなくていい」と言われて育った自分たちの頃とは違って、女の子にも「勉強、勉強」と追い立て、成績において高い要求をしがちです。

元来、努力を厭《いと》わない女の子は、母親の要求に応えようとつい頑張りすぎてしまう。高い学歴を得るために、幼いうちから勉強漬けになり、受験期を迎えると丸暗記の詰め込み教育の餌食《えじき》になる。

その結果、子どものうちに養うべき、感受性も好奇心も伸ばせないまま、大人になってしまうケースが増えているのです。

こういう女性たちは勉強はできても、物事を楽しむことができません。感受性が未発達ですから、たとえ美しいものがすぐ隣にあっても気づかずに、無味乾燥な人生を送ることになります。多くの人はそれを認識することすらできません。

しかも、趣味や楽しみも持たない、典型的な仕事人間に陥りやすく、そのために交友関係も狭まり、魅力的な男性、私流の言い方に直せば、〝オモロイ男性〟と出会う機会も減って最終的には婚期を逸してしまうことにもなりかねません。となれば、子どもを産み、育てることも叶いません。つまり、人間が生きる目的とする「世代交代」ができないことになるのです。

もっとも、たとえ結婚や出産ができなくても、芸術など多くの趣味を持っていれば、充足した人生を送ることができるでしょう。

休みの日は観劇やコンサートに出かけ、家ではゆったりとガーデニングを楽しむ。そんな生活であれば、子育てに追われる女性からはむしろ羨ましがられるかもしれません。

しかし、感受性に乏しい中では、その趣味や楽しみさえも見つけられない、ということがままあるのです。

本来であれば、感受性を育てるべき大切な時期に勉強ばかりさせた責任は母親にあるのに、「世代交代」を果たせずにいる娘に対して、今度は「いつ結婚するの?」「子どもはまだ?」と娘に要求をし続ける。永遠に母親の呪縛から逃れられない娘の人生はもとより、娘の人生をいつまでも認めてあげられない母親の人生もまた悲劇としか表現しようがありません。

いささか重苦しい話になりましたが、こうしたことは現実的に起こり得ることであることを頭に入れていただきたいと思います。そのうえで、考えるべきは、娘をいかに育てるかということです。

聡明な読者の方はもうご理解いただけていると思いますが、**女の子を育てるうえで、何よりも大切なのは豊かな感受性を育むこと。**

美しいものを前にした時には、お母さんも子どもと一緒に感動し共感し合う。子どもの空想力を踏みにじらず、より広がりを持つよう促してやる。そんな毎日の小さな積み重ねによって、感受性はすくすくと伸びていくのです。

これに加えて、女性ならではの魅力を余すところなく身につけさせることも忘れてはなりません。

内側からにじみ出る品性、心を表す表現力、自立に欠かせない判断力……。

これらはすべて、一朝一夕《いっせき》に身につくものではありません。子どものうちから、それもできるだけ早いうちから育むべきものです。

始めるなら、そう、今。
子どもの幸せを考えるなら、躊躇《ちゅうちょ》している暇などないのです。

あとがきにかえて

教育コンサルタントである以前に男性である筆者にとって、女の子の育て方の本を書くのは、いささか苦しいことです。よく言われますが、我々男性にとって、女の人は永遠に「謎」で「?」です。それは、我々が男であって女ではないからです。

この本は、あくまで男性の教育者の視点で書かれた本であります。だからどうしても、男性の教育者の私から見て、女性特有の魅力がある女性に育てて欲しいという願いがあらわれてしまいます。

私も結婚して一男一女をもうけましたが、まずそれは若き日の彼女が魅力的に思われたことが起点です。実は私は哲学出身の言葉にうるさい理屈っぽいタイプの人間です。その人間が、これは他にないと思ってしまったのが女の人としての彼女の感受性でした。そうして、人を愛するということがどういうことであるかを初めて理解しました。それは、心から他者を愛する自分を発見することでもあり、それを知った自分は幸せでした。

それは、相手の存在に感謝するということでもありました。そして、やがて、その存在は、赤ちゃんをもたらしてくれました。それは女の子でした。

今ですから正直に言いますと、それは彼女よりもさらに可愛い存在でした。しかし、それを産んでくれたのは他ならぬ彼女なのです。彼女がいなければ、彼女よりもっと可愛い娘は生まれて来なかった。ここで私は、彼女の存在に二度目の感謝の心を持ちました。

男の友達の存在にも感謝します。でも、自分の子どもを産んでくれた存在への感謝は他に代えられません。

女の子はやがて子を産む母親になる。そしてそのことは、夫だけではなく、周囲、社会の多くの人に感謝されることであるに違いありません。だから、存在そのものが素晴らしいのが母親たる女性であると言っても過言ではないと思います。そしてその起点は、その準備である初潮が始まる直前であると思います。

すでに皆さんは一応の「成功者」でもあります。でも、その「成功」が完成されるのは、その娘が孫を産んだ時です。
女の子育ての究極の目的、それは良き母親になれるように育てること。そのことを念じて書いた書物がこの本であることをお伝えして、この本のあとがきに代えさせていただきたいと思います。

2014年1月　著者記す

文庫版のためのあとがき

本書は2014年に大和書房から刊行した同名の本を文庫化したものです。

これは『男の子は10歳になったら育て方を変えなさい!』(同社刊)の姉妹本で、幸いなことにこちらも多くの読者の支持を得、続々版を重ねることができました上、こうして今回文庫化の運びとなったことは、著者として真に感謝と光栄の念に耐えません。
また、今こうして新たにご一読下さった方に改めて感謝申し上げたいと思います。

さて、この本が出た直後に、文科省内から高大接続システム改革が打ち出され、長年続けられたセンター試験が廃止され、新システム下では大学進学共通テストや諸処の英語検定の結果などを持って、志望する大学を自己推薦型のA・O入試で受けるスタイルに変わることになったのは、読者のみなさんの多くもよくご存知のことと思います。

この結果、単なる学力だけではなく、着想力、表現力、思考力、言語力などがこれまで以上に重視されることになりました。

学問には好奇心が大切だとよく申しますが、その好奇心の元になるのは外界からの刺激を感受する力、つまり感受性です。

感受性がなければ面白いことも楽しいことも見つからないし味わえません。だいたいから、感受性が発達していなければ、たとえお金持ちになっても、ものの本当の味わいはわからないのですからある意味無意味です。逆に感受性さえ健全に発達していれば、たとえ裕福ではなくとも自分にとって美味しいものを自分で見つけたり作ったり味わったりすることができます。しかも、大学入試に有利になるのです。

今回文庫化に際してこの本を読み返してみて、再度、自分は臆面もなくこんなことを書いていたのかという、いささか恥ずかしい気持ちで一杯になりましたが、このところの世の中の変化を見て、他の人があまり語らないと思われる感受性の大切さについて敢て繰り返し訴えたことは決して間違ってはいなかったと思うことができました。

この本が、読者の皆様の女の子教育の参考となり、親子さんともども幸せに発展されることを願ってやみません。

重ねてご一読に感謝します。

2019年　夏至

著者識す

本作品は二〇一四年三月小社より刊行したものです。

松永暢史（まつなが・のぶふみ）

1957年東京都生まれ。慶應義塾大学文学部哲学科卒。教育環境設定コンサルタント。受験プロ。音読法、作文法、サイコロ学習法など様々な学習法を開発し、教育コンサルタントとして講演、執筆など多方面で活躍中。

著書に『男の子は10歳になったら育て方を変えなさい！ 反抗期をうまく乗り切る母のコツ』（だいわ文庫）、『落ち着かない・話を聞けない・マイペースな 小学生男子の育て方』（すばる舎）、『「ズバ抜けた問題児」の伸ばし方～ADHDタイプ脳のすごさを引き出す勉強法』（主婦の友社）、『頭のいい小学生が解いている算数脳がグンと伸びるパズル』（星野孝博共著、KADOKAWA）など多数。

だいわ文庫

女《おんな》の子《こ》は8歳《さい》になったら育《そだ》て方《かた》を変《か》えなさい！
やさしく賢《かしこ》い女《おんな》の子《こ》に育《そだ》てる母《はは》のコツ

著者 松永暢史《まつながのぶふみ》

©2019 Nobufumi Matsunaga Printed in Japan

二〇一九年七月一五日第一刷発行

発行者 佐藤 靖
発行所 大和《だいわ》書房
東京都文京区関口一－三三－四 〒一一二－〇〇一四
電話 〇三－三二〇三－四五一一

フォーマットデザイン 鈴木成一デザイン室
本文デザイン 渡邉雄哉(LIKE A DESIGN)
本文イラスト たはらともみ、渡邉雄哉
本文印刷 シナノ カバー印刷 山一印刷
製本 小泉製本

ISBN978-4-479-30770-9
乱丁本・落丁本はお取り替えいたします。
http://www.daiwashobo.co.jp

松永暢史の本

男の子は10歳になったら
育て方を変えなさい!

甘えっこだったわが子が突如変貌。
男の子ってよくわからない…と悩むお母さんへ。
反抗期を乗り切るコツを
カリスマ家庭教師が教えます。

だいわ文庫　680円

価格は税別です